Moritz Heger / Nelia Stark / Reinhard Storz

Das Kirchenjahr im Religionsunterricht

Weihnachten – Ostern – Pfingsten

calwer materialien

Verzeichnis der verwendeten Abkürzungen

AB:	Arbeitsblatt	LV:	Lehrerinnen- oder Lehrervortrag
EA:	Einzelarbeit	PA:	Partnerarbeit
GA:	Gruppenarbeit	Sch/SuS:	Schülerinnen und Schüler
HA:	Hausaufgabe	TA:	Tafelanschrieb
L:	Lehrerin/Lehrer	UG:	Unterrichtsgespräch

Bibliografische Informationen Der Deutschen Bibliothek

Die Deutsche Bibliothek verzeichnet diese Publikation in der Deutschen Nationalbibliografie; detaillierte bibliografische Daten sind im Internet über *http://dnb.ddb.de* abrufbar.

ISBN 978–3–7668–4061–5

2. Auflage 2011
© 2009 Calwer Verlag Stuttgart
Alle Rechte vorbehalten.
Umschlaggestaltung: Karin Sauerbier, Stuttgart
Satz: NagelSatz, Reutlingen
Herstellung: Karin Klopfer, Calwer Verlag
Druck und Verarbeitung: AZ Druck und Datentechnik, Kempten

Internet: www.calwer.com
E-Mail: info@calwer.com

Inhalt

Einführung

Wozu Jahresfeste unterrichten?

Bei Festen ist Kirche noch wahrnehmbar. Insbesondere bei den Jahresfesten erreichen die Kirchen eine breite Öffentlichkeit über die Kerngemeinde hinaus. Allerdings werden in der gesellschaftlichen Wahrnehmung diese Feste häufig auf Folklore reduziert. Nichts gegen den Osterhasen und den Weihnachtsbaum, aber im Religionsunterricht muss deutlich werden, was das Wesentliche der Feste ist. Angesichts einer schwindenden kirchlichen Sozialisation ist hier die Religionsdidaktik gefordert.

Das vorliegende Unterrichtsmodell beschränkt sich bewusst auf die Hauptjahresfeste, die biblisch eindeutig verankert sind. Im neuen baden-württembergischen Bildungsplan ist eine Trendwende hin zu einem wieder stärker bibelorientierten Religionsunterricht erkennbar. Lebensweltliche Themen treten eher zurück. Eine Beschäftigung mit den Jahresfesten bietet die Chance, beidem gerecht zu werden: der biblischen Botschaft und der Lebenswelt der Schülerinnen und Schüler. Dabei muss es darum gehen, die biblische Tradition als etwas erfahrbar zu machen, das sich auf die Realität der Kinder beziehen will. Unser didaktisches Leitmodell ist die Elementarisierung.

Bildungsplan und Standardorientierung

Betrachtet man den aktuellen Bildungsplan Evangelische Religion für Gymnasien bzw. Realschulen von Baden-Württemberg, so stellt man fest, dass sich die bewährten Unterrichtseinheiten im Grunde erhalten haben, nun aber Dimensionen bzw. Themenfelder genannt werden. Im Gegensatz zu früher sind diese Einheiten als Unterrichtsblöcke nicht mehr verbindlich. Vielmehr sind nun Standards definiert, die auf verschiedenen Wegen erreicht werden können. Die Unterrichtseinheiten in diesem Band erfüllen die Standards nicht nur einer Dimension bzw. eines Themenfeldes, wie die Übersichten zeigen:

BILDUNGSPLAN REALSCHULE KLASSE 6

DIMENSION: BIBEL
Der evangelische Religionsunterricht will dazu beitragen, die Bibel als »Heilige Schrift« sowie als »Lebensbuch« zu verstehen, und Interesse und Freude am Lesen und Hören biblischer Geschichten wecken.
Die Schülerinnen und Schüler
▶ können (...) über ausgewählte Texte der Bibel Auskunft geben;
▶ sind in der Lage, sich mit ihren Fragen und Erfahrungen an der Auslegung eines biblischen Textes zu beteiligen;
▶ sind in der Lage, biblische Gechichten kreativ zu bearbeiten.

DIMENSION: GOTT
Der evangelische Religionsunterricht will den Glauben an Gott und die Hinwendung zu Gott als Grundlage eines zuversichtlichen Lebens anbieten und Formen einüben, eigene Erfahrungen vor Gott zu bringen.
Die Schülerinnen und Schüler
▶ kennen biblische Geschichten, die von der Beziehung Gottes zu den Menschen erzählen.

DIMENSION: JESUS CHRISTUS

Der evangelische Religionsunterricht will die Schülerinnen und Schüler mit dem Leben und der Botschaft Jesu Christi vertraut machen und den Ruf in die Nachfolge verständlich machen.

Die Schülerinnen und Schüler

▶ wissen über die Lebenswelt Jesu in Grundzügen Bescheid;
▶ können den Hauptfesten im Kirchenjahr Lebensstationen Jesu zuordnen;
▶ können Geschichten der Zuwendung Jesu in Zusammenhang mit heutigen Situationen bringen.

DIMENSION: KIRCHE UND KIRCHEN

Die Schülerinnen und Schüler

▶ können christliche Hauptfeste erklären und in das Kirchenjahr einordnen.

THEMENFELDER: DIE BIBEL KENNEN LERNEN

▶ Individuelle Auseinandersetzung mit ausgewählten biblischen Texten.

ERFAHRUNGEN MIT GOTT/PSALMEN

▶ Biblische Geschichten von der Beziehung zwischen Gott und Menschen.

LEBENSSTATIONEN JESU

▶ Jesus, ein Jude – seine Zeit und Umwelt.
▶ In Jesus kommt Gott den Menschen nahe (Begegnungsgeschichten aus den Evangelien).

EVANGELISCH – KATHOLISCH

▶ Feste im Kirchenjahr und ihre biblische Begründung.

BILDUNGSPLAN GYMNASIUM KLASSE 6

DIMENSION: MENSCH

Die Schülerinnen und Schüler

▶ können die Bedeutsamkeit von Festen und Feiern im privaten, öffentlichen und kirchlichen Rahmen darlegen kennen die Grundstruktur des Kirchenjahres mit seinen Hauptfesten und die zugehörigen biblischen Geschichten;
▶ können Geschichten aus der Bibel nacherzählen, in denen Gottes Nähe Menschen verändert.

DIMENSION: WELT UND VERANTWORTUNG

Die Schülerinnen und Schüler

▶ können religiöse Ausdrucksformen in unserer Gesellschaft erkennen und zuordnen;
▶ wissen, dass sich das (Schul-)Jahr besonders an kirchlichen Festen orientiert.

DIMENSION: BIBEL

Die Schülerinnen und Schüler

▶ können exemplarisch biblische Texte zu ihren Entstehungssituationen in Beziehung setzen;
▶ kennen zu den wichtigsten Festen im Kirchenjahr eine biblische Erzählung.

DIMENSION: JESUS CHRISTUS

Die Schülerinnen und Schüler

▶ können die Geschichte Jesu in Grundzügen wiedergeben, wie sie in der Bibel erzählt wird und sich in den Festen des Kirchenjahres spiegelt;
▶ verfügen über Grundkenntnisse zu Zeit und Umwelt Jesu;
▶ können erklären, dass die Person Jesus von Nazareth Judentum und Christentum verbindet und trennt.

THEMENFELDER JAHRESKREIS UND FESTE

▶ Anlässe und Ausdrucksformen des Feierns.
▶ Die christlichen Hauptfeste (Advent, Weihnacht, Ostern, Pfingsten) als Grundstruktur des Kirchenjahres.
▶ Die zu diesen Festen gehörenden biblischen Geschichten.

Warum erzählen?

Die Erzählung ist nicht nur eine Textgattung, die in der Bibel besonders häufig vorkommt. Man kann vielmehr in Bezug auf das Alte wie auch auf das Neue Testament von einer grundlegend narrativen Struktur sprechen. Will man eine Gemeinsamkeit innerhalb der reichhaltigen und z.T. sehr disparaten ›Bibelbibliothek‹ feststellen, so tut man gut daran, ihren narrativen Charakter zu betonen: Von wenigen Ausnahmen abgesehen verweist jeder biblische Text in seiner je eigenen Art und Form mit unterschiedlichen Interessen, Positionen usw. auf die eine Geschichte Gottes mit den Menschen.

Wie nun die Bibel in sich eine narrative Struktur hat, so gilt dies auch für die Kirche. Sie beruft sich auf die Schriften, die die Geschichte Gottes mit den Menschen erzählen, und erzählt diese durch die Jahrhunderte weiter. »Im Christentum bildet (wie im Judentum) ein erzähltes Ereignis, also *eine Geschichte*, das Fundament der Religion, nicht eine *Einsicht* über Gott und den Menschen (wie im Buddhismus). Die Erzählstruktur des jüdisch-christlichen Urbekenntnisses und der neutestamentlichen Heilsbotschaft können nicht ohne Folgen bleiben für den Umgang mit dieser Botschaft.«[1]

Erzählen bewahrt die christliche Botschaft vor einer Reduktion auf rein dogmatische Glaubenssätze – Glauben wird im Erzählen erfahrbar gemacht und damit als Glaubenserfahrung weitergegeben. Die Kirche lässt sich daher als Erzählgemeinschaft bezeichnen. Die kirchlichen Feste sind die lebensweltlichen Anker biblischer Erzählungen in der Gemeinde. »Eine gelungene Erzählung ermöglicht die Verschmelzung des biblischen Horizontes mit dem Horizont der gegenwärtigen Welterfahrung.«[2] Damit ist das Erzählen der Schlüssel zum Glauben. Eine dem angemessene narrative Praxis tut für den Religionsunterricht not.

Ganzheitlicher und nachhaltiger Unterricht

Feste haben etwas mit Feiern zu tun. Geradezu absurd wäre es, diese als bloßen Stoff kognitiven Wissens zu vermitteln. Andererseits: Feiern werden wir die Feste im Religionsunterricht wohl nicht, und wenn, dann bräuchten wir dafür keine didaktischen Modelle. Aber es wäre doch schön, wenn im Unterricht etwas von adventlicher oder österlicher Freude, pfingstlicher Begeisterung und dem Staunen angesichts der Himmelfahrt erfahrbar gemacht werden könnte. Durch vielfältige, häufig schülerzentrierte und handlungsorientierte Methoden ergänzen wir unsere Grundlinie des Erzählens und bieten Möglichkeiten für einen abwechslungsreichen, anschaulichen und erlebnisorientierten Unterricht.

An Erzählungen erinnern sich Kinder oftmals am besten. Durch den erfahrungsbezogenen Unterricht wird die Nachhaltigkeit verstärkt. Schließlich sorgen vielfältige Verknüpfungen und Bezugnahmen zwischen den Einheiten dafür, dass einmal Gelerntes wiederholt, vertieft und so behalten wird.

---

1 Baudler, Georg: Zur theologischen Bedeutung des Erzählens, in: ru 1980/2. S. 40–44.
2 Abromeit, Hans-Jürgen: Die Bibel im Religionsunterricht. In der Spannung zwischen Historischer Kritik und unmittelbarer Begegnung, in: Ulonska, Herbert / Dormeyer, Detlev (Hg.): Die Bibel: Erleben, Verstehen, Weitersagen. Elementare und neue Zugänge zur Bibel, Rheinbach-Merzbach 1994, S. 177–205 (S. 199).

I. Advent und Weihnachten

Advent ist die Zeit des Wartens. Warten ist etwas, das Kinder kennen. Sie kennen die Vorfreude des Wartens, sie kennen es aber auch, dass Warten zur Qual wird.

Biblisch-narrativ sind wir auf die Erzählungen der Evangelien verwiesen, insbesondere des Lukasevangeliums. Versteht man Advent als eine Zeit des Wartens und des eschatologischen Ausblicks auf das Licht der Welt, so liegt es nahe, als biblische Leitfigur Johannes den Täufer zu wählen: Johannes als einen, der auf den Messias wartet – der aber nicht nur passiv wartet, sondern die Menschen anleitet zur Umkehr, zu richtigem Warten; Johannes als einen, der durch seinen Bußruf die Menschen auf den Messias verweist und vorbereitet auf das Zur-Welt-Kommen Gottes.

Johannes' Vater Zacharias wird bereits die Bestimmung seines noch nicht empfangenen Sohnes offenbart: ein Volk zuzurichten, das für den Herrn bereit ist (Lk 1,13–17). Schon im Bauch hüpft Johannes (vor Freude), als die beiden schwangeren Frauen Maria und Elisabeth einander begegnen (Lk 1,41). Später erfährt er als Wüstenasket die Berufung zu dem, der den Weg des Herrn ebnet und auf den Messias Jesus verweist (Lk 3,2–6.15f). Vollendet wird diese Berufung in der Taufe Jesu (Lk 3,21f). Dass Johannes dennoch an der Messianität Jesu zweifelt, erzählen uns Matthäus und Lukas, wenn sie von der Anfrage des Johannes bei Jesus berichten. In diesem Zusammenhang wird die Rolle des Johannes von Jesus bestätigt: »Siehe, ich sende meinen Boten …« (Mt 11,10 par. vgl. Mal 3,1).

Verkündigung, erstes Erkennen, Berufung zum Wegbereiter, Taufe, Zweifel im Gefängnis, Bestätigung – dies ist die narrative Linie, der die Einheit folgt.

1. Stunde: Zacharias und Elisabeth – ein Kinderwunsch soll erfüllt werden

Wie auch das Lukasevangelium beginnen wir mit der Ankündigung der Geburt Johannes des Täufers. Unerfüllte Wünsche sind den Schülerinnen und Schülern geläufig. Gerade in der Vorweihnachtszeit warten sie auf Geschenke, aber auf einer elementareren Ebene eben auch auf Geborgenheit, ein gelingendes Familienleben usw.

Zacharias und Elisabeth leiden unter ihrer Kinderlosigkeit, die von der Umgebung als Strafe Gottes und als Schande betrachtet wird. Im Tempel erscheint Zacharias der Engel Gabriel, der ihm die Geburt des Johannes ankündigt. So erfährt er als erster Akteur des Lukasevangeliums die Frohe Botschaft, die Lukas zu erzählen hat: Gott kommt zur Welt und Zacharias' Sohn soll ihm den Weg bereiten.

Mit dieser ersten Verkündigungserzählung des Lukasevangeliums findet auch der erste Verweis auf das bevorstehende Heilsgeschehen statt.

2. Stunde: Elisabeth und Maria – der Bauch-Tanz

Maria wird die Geburt Jesu angekündigt. Im Gegensatz zu Zacharias zweifelt sie nicht. Sie besucht ihre ebenfalls schwangere Verwandte Elisabeth. Diese erkennt aufgrund ihres im Bauch hüpfenden Kindes die Bedeutung Marias und ihres Kindes. Sie rühmt Maria wegen ihres Glaubens.

Ausgehend von eigener Tanzerfahrung erkennen die Schüler/innen, dass die Begegnung mit Jesus bei dem im Mutterleib hüpfenden Johannes ein Gefühl der überschwänglichen Freude auslöst. Die Vorfreude, die wesentliches Kennzeichen des Advents sein sollte, kann hier elementar erfahrbar gemacht werden.

Im Anschluss an den Tanz (vgl. **M 4**) erzeugt die Bildbetrachtung (**M 5**) eine zunächst nicht aufgelöste Spannung, da der angekündigte Hüpftanz auf dem Bild nicht direkt sichtbar ist. So wird die Aufmerksamkeit auf die Ereignisse der Geschichte gezogen.

Johannes tanzt und zeigt so schon vor seiner Geburt die Freude auf den Erlöser Jesus Christus.

3. Stunde: Ganz Israel wartet

Die Schüler/innen lernen nun die Not der Menschen in Palästina und die damit verbundenen Messiasvorstellungen kennen.

Diese Informationen werden in der Erzählung **M 8** aufgegriffen: Am Tage der Beschneidung des kleinen Johannes treffen sich die Freunde und Verwandten seiner Eltern. Sie unterhalten sich über die Not in Israel und formulieren ihre Messiaserwartung.

Die Methode des Rollenspiels (vgl. **M 9–11**) macht die Stunde für die Schüler/innen interessant. Auf die Ergebnisse wird in den folgenden Stunden wieder Bezug genommen.

4. Stunde: Vorbereiten statt bloß rumsitzen und warten

Die Erzählung folgt nun Johannes, der als Asket in die Wüste geht, dort aber die Berufung erfährt, das Kommen des Herrn vorzubereiten, indem er die Einsamkeit zurücklässt und die Menschen am Jordan mit der Taufe zur Umkehr ruft. Die Schüler/innen sehen die Taufe als Vorbereitung auf das Kommen des Messias und überdenken davon ausgehend die Bedeutung des Advents.

Diese Struktur wird nun in einen aktuellen erzählerischen Rahmen gestellt (**M 12**): Der Junge Johnny erlebt die adventliche Andacht in der Familie als nervig, weil er, fixiert auf einen Geschenkwunsch, ungeduldig auf Weihnachten wartet. Seine Tante erzählt ihm die parallele Geschichte von Johannes. Der ethische Appell des Johannes, die Zeit des Wartens auf den Messias zur Umkehr zu nutzen, regt den Jungen an, über sinnvolles Warten nachzudenken.

Mit einer Nacherzählkette wird die bisherige Erzählung wiederholt, um Nachhaltigkeit zu schaffen. In der Ausgestaltung des Arbeitsblattes **M 13** können die Schüler/innen nun auch kreativ-gestalterisch aktiv werden. Als Ergebnis soll der Zusammenhang zwischen Adventsritualen und karitativem Handeln in der Adventszeit sichtbar geworden sein.

5. Stunde: Der Messias bekommt ein Gesicht

Mit der Taufe Jesu kommt nun auch das Wesen seiner Messianität in den Blick. Ausgehend von Heldenfiguren werden sich die Schüler/innen bewusst, dass die Messiasvorstellungen der Zeit Jesu z.T. heutigen Heldenfiguren entsprechen.

Johannes tauft Jesus und erlebt, wie Gott ihn zu seinem geliebten Sohn erklärt. Nach erstem Staunen ist Johannes begeistert. Er erinnert sich an die Verheißung seines Vaters, dass er ein Prophet des Höchsten werden soll, und bespricht mit seinem fiktiven Freund Jonathan, was sich nun ändern wird.

Die Schüler/innen greifen die Vorstellungen eines im gängigen Sinne heldenhaften Messias auf und legen diese Erwartungen in kreativem Schreiben Johannes und seinem Freund in den Mund.

6. Stunde: Weihnachten – die fast vergessene Geschichte

Die Vorstellung, Jesus sei ein Held wie ihn die Menschen erwarten, entspricht ihm nicht. Die Irritation über seine Andersartigkeit wird in den Erzählfiguren angelegt: Am Morgen nach seiner Taufe geht

Jesus allein, einfach ausgestattet und zu Fuß in die Wüste (**M 15**). Die verlassene Gruppe um Johannes, die einen königlichen Messias erwartet hatte, ist ratlos. Die Enttäuschung provoziert eine Neudeutung: Einem Hirten, der Zeuge der Geburt Jesu war, fällt ein, dass ja bereits die Geburt Jesu eine merkwürdig einfache Geschichte war. In der Weihnachtsgeschichte wird greifbar, dass Jesus als einfacher Mensch zur Welt gekommen ist (**M 17**). Dementsprechend ist auch seine Messianität nicht geprägt von Macht und Reichtum, sondern von Einfachheit.

7. Stunde: Johannes erinnert sich

Johannes erhält im Gefängnis Besuch von zweien seiner Jünger. Die Erzählung, dass Jesus mit den Zöllnern speist, löst Zweifel aus, ob Jesus wirklich der Messias sein kann. Er schickt seine Jünger mit einer Anfrage zu Jesus. Die Ungewissheit bringt ihn jedoch zum Verzweifeln und er verliert langsam seine Erinnerungen. Deshalb schreibt er die Erinnerungen mit einer Tonscherbe an die Wände des Gefängnisses: Zacharias und Elisabeth, Situation in Israel, Taufe am Jordan, Weihnachtsgeschichte. Handlungsorientiert wiederholen die Schüler/innen hier die bisherigen Erzählungen (**M 19**).

8. Stunde: Johannes versteht

Die Schüler/innen sollen nun das gemeinsame Grundprinzip der behandelten Geschichten verstehen: Gott (bzw. ein Höherer) wendet sich den Menschen zu, um diese aufzurichten. Sie verstehen auf dieser Basis, dass Johannes Jesus nun als Messias erkennen kann.

Diese Erkenntnis, der die Bestätigung durch die Nachricht (Jesaja-Zitat) seiner Jünger folgt, macht ihn so froh, dass er selbst Gewalt und Tod gefasst entgegentreten kann, ohne zu zerbrechen.

Diese Stunde ist theologisch anspruchsvoll. Unsere Erfahrung ist jedoch, dass vielen Schüler/innen das Entdecken der gemeinsamen Grundstruktur so unterschiedlicher Erzählungen Spaß macht. Die Frohe Botschaft besteht darin, dass ein Höherer den Niedrigen erhebt. Dies ist eine im Religionsunterricht immer wieder neu zu buchstabierende Nachricht. Die Anbindung an Grundstrukturen biblischer Erzählungen ist dabei nicht nur intellektuelles Spiel, sondern eine der Grundaufgaben konfessionellen Religionsunterrichts.

Je nach Schulart bzw. Entwicklungsstand der Schüler/innen wird man bei dieser Stunde mehr oder weniger steuern müssen.

1. Stunde: Zacharias und Elisabeth – ein Kinderwunsch soll erfüllt werden

Sozialform / Methoden	Unterrichtsinhalte, Fragen, Aufgaben	Medien
Impuls UG	▶ L erzählt von einem großen **Wunsch**, der ihm/ihr (nicht) in Erfüllung ging. ▶ Sch erzählen auch von großen (nicht) erfüllten Wünschen. ▶ **»Wie war das für euch?«**	
LV(1)	▶ **»Ich will euch jetzt von einem Mann und einer Frau erzählen, die auch einen ganz großen Wunsch hatten«:** *Erzählstichpunkte:* – Elisabeth und Zacharias (Stadt im Bergland von Judäa). – Sehr fromm (Zacharias: Priester). – Viele Priester im Volk unbeliebt (bereicherten sich; paktierten mit Herodes). – Auch über Elisabeth und Zacharias wurde Schlechtes geredet: – Kinderlosigkeit damals: Schande, Sündenstrafe (vor allem für die Frau). – Inzwischen alt geworden. – Damit abgefunden, dass großer Wunsch nach Kind nicht erfüllt würde. Eines Tages muss Zacharias nach Jerusalem (Tempeldienst …) – Weg beschwerlich und lang. – Viel Zeit nachzudenken. – Geht nach Jerusalem mit gemischten Gefühlen. – Je näher er der Stadt kommt, desto häufiger begegnen ihm Menschen – auch viele Eltern mit Kindern. – Da fällt ihm ein, dass seine Kollegen von ihren Kindern und Enkeln reden werde. – Er muss an den eigenen, lang gehegten, Kinderwunsch denken. ▶ **Was für Gedanken hat er?** L schreibt an die Tafel: »Zacharias auf dem Weg nach Jerusalem« und malt eine Gedankenblase dazu; s. Skizze.	**M 1** **M 2** (Karte) TA: Zeichnung mit Gedanken-bild zum Tempeldienst
PA	▶ Sch formulieren mögliche Gedanken des Zacharias:	Hefte oder **M 3** als AB

LV (2)	▶ **Zacharias war nun schon seit einigen Tagen im Tempel beschäftigt.**	M 1
	– Am Räucheraltar.	
	– Engel Gabriel erscheint ihm; Zacharias erschrickt.	
	– *»Fürchte dich nicht, Zacharias! Dein Gebet ist erhört worden. Deine Frau Elisabeth wird einen Sohn gebären, und den sollst du Johannes nennen. Er wird viele Menschen in Israel zu Gott bekehren und er wird als Bote vorausgehen und das Volk auf das Kommen des Herrn vorbereiten.«*	
	– Zacharias erbittet Zeichen.	
	– Er wird stumm und kann das Volk nicht segnen.	
	Nach einer Woche eilt Zacharias glücklich heim.	
	– Er schreibt auf, was ihm passiert ist.	
	– Elisabeth kann ihr Glück nicht fassen.	
	– Elisabeth: **»So lange haben wir uns dieses Kind gewünscht, so lange!«**	
	Da fallen Zacharias die Gedanken wieder ein, die er auf dem Weg nach Jerusalem gehabt hat. Jetzt sieht er alles natürlich in einem völlig neuen Licht. Das will er seiner Frau gerne mitteilen.	
	▶ **»Was schreibt er ihr?«**	
EA	▶ Sch schreiben **Brief an Elisabeth** und lesen ihn vor.	Hefte
UG	▶ **»War es wichtig, dass die beiden warten mussten?«**	

2. Stunde: Elisabeth und Maria – der Bauch-Tanz

Sozialform/ Methoden	Unterrichtsinhalte, Fragen, Aufgaben	Medien
Einstieg: Tanz	▶ Sch tanzen einen **Prozessionstanz zu »Hevenu schalom alejchem«.** (Ausgangsposition: In einer Reihe hintereinander, beide Hände liegen auf den Schultern der vorderen Person. Die erste Person hält die Hände in Gebetshaltung. Bewegung: Nach dem Auftakt auf »Shalom« beginnen: 1. Takt: rechts vor, links vor, rechts vor, auf rechts am Platz hüpfen. 2. Takt: links vor, rechts vor, links vor, auf links am Platz hüpfen usw. I re – li – re – re I li – re – li – li I.)	CD[3] M 4
UG	▶ **»Was drückt so ein Tanz aus?«** *(Freude, Gemeinschaft, Lebenslust, …)* ▶ »An welcher Stelle wird die (Lebens-)Freude besonders deutlich?« *(Hüpfschritt)*	
Bildbetrachtung	▶ Julius Schnorr von Carolsfeld: »Mariä Heimsuchung«. **»Auf diesem Bild veranstaltet auch jemand eine Art Hüpftanz …«** Sch raten, L stellt Antwort zurück. ▶ Gemeinsame **Bildbeschreibung**: Wer sind die Personen? Warum kniet die ältere Elisabeth vor Maria? (Evtl. Haltungen nachstellen.) Wohin geht der Lichtstrahl?	M 5 Bildfolie OHP

---

3 Z.B. »Happy Birthday Israel«, Verlag Schulte und Gerth, Asslar 1998 (Nr. 939112).

► **»Ihr erinnert euch noch, wie der Engel Gabriel dem Zacharias die Geburt eines Sohnes ankündigte.«**

Erzählstichpunkte:
– Elisabeth im 6. Monat, Engel wird wieder losgeschickt.
– Diesmal nach Nazareth zu Maria.
– *»Hab keine Angst. Du wirst schwanger werden und einen Sohn bekommen. Den sollst du Jesus nennen. Er wird ›Sohn des Höchsten‹ genannt werden und Gott wird ihn zum König machen. Seine Herrschaft wird nie zu Ende gehen.«*
– Maria ist nicht verheiratet; sie kann kaum fassen, wie ihr geschieht.
– Sie erfährt, dass auch Elisabeth, ihre Verwandte, schwanger ist.

► **»Würde euch an Marias Stelle so eine Antwort beruhigen?«**
– Maria aber glaubt dem Engel und sagt: *»Ich gehöre Gott, ich bin bereit. Es soll an mir geschehen, was du gesagt hast.«*
– Sie macht sich auf, Elisabeth zu besuchen.
– Elisabeth: *»Gott hat dich unter allen Frauen ausgezeichnet, dich und dein Kind. In dem Augenblick, als ich deinen Gruß hörte, hüpfte das Kind vor Freude in meinem Bauch.«*
– Maria bleibt drei Monate, also bis zur Geburt von Johannes, bei Elisabeth.

► **»Warum hüpft das Kind in Elisabeths Bauch vor Freude?«**
(Freude über die Ankunft Jesu)

► Weshalb besucht Maria Elisabeth?
(Ähnliche Situation → jemand, mit dem man über alles reden kann; gemeinsame Freude, gemeinsames Warten.)

Überleitung

► Diese Geschichte wird in den Kirchen meist in der **Adventszeit** vorgelesen. **Warum passt sie da so gut hinein?**
(So wie sich die beiden auf die Geburt freuen, freuen wir uns auf den Geburtstag Jesu.)

Sicherung

► L beginnt das Tafelbild und erklärt die Aufgabe gemäß **M 7**: Sch übertragen das Tafelbild in ihr Heft.

Tafel, Heft

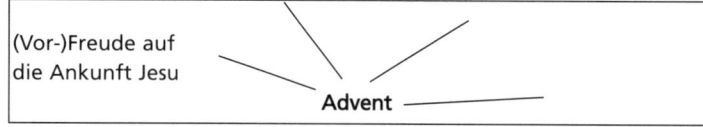

PA

► Sch bearbeiten das **AB »Was hat diese Geschichte mit Advent zu tun?«** (Evtl. zuerst einen Begriff zur Veranschaulichung gemeinsam erarbeiten)
Alternative: Auf Text verzichten und anhand von M 5 die Aspekte gemeinsam im UG aus der Erzählung erschließen.

M 7 AB

Sicherung

– Maria hat eine Verheißung bekommen: Sie darf sich freuen!
– Sie muss aber auch glauben und sich zur Verfügung stellen.
– Sie feiert mit anderen, die sich ebenfalls freuen.
Mögliche Ergebnisse (je nach Sozialisation der Klasse):

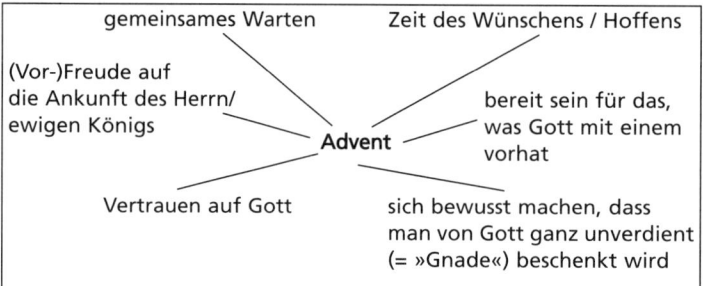

UG	▶ Den Begriff »Andacht« kann man in der gemeinsamen **Bildbetrachtung** erschließen:	**M 5** (Folie)
	▶ **»Warum haben Maria und Elisabeth auf dem Bild die Augen geschlossen?«**	
Abschluss (Puffer)	▶ Sch schließen die Augen und überlegen, worauf sie sich besonders freuen. (Evtl. aufschreiben lassen.)	meditative Musik
HA	**Rollenkarten für die nächste Stunde austeilen: Sch bereiten ihre Rolle vor.** (L muss vorher in die Kopien die jew. Rollenzuweisung eintragen.)	**M 9**

3. Stunde: Ganz Israel wartet

Sozialform/ Methoden	Unterrichtsinhalte, Fragen, Aufgaben	Medien
Einstieg: LV (1)	▶ **»Im Haus von Zacharias und Elisabeth ist einiges los:«** – Verwandte, Nachbarn und Freunde haben sich eingefunden. – Beschneidung und Namensgebung des kleinen Sohnes. **Während die Leute auf den Beginn der Zeremonie warten, kommen sie miteinander ins Gespräch. Sie sprechen, wie so oft, über die große Not in Israel und wie sehr sie hoffen, dass der Messias endlich kommt:**	**M 8**
Rollenspiel	▶ Sch haben in der letzten Stunde **Rollenkarten** erhalten und tragen ihre Rolle in der abgedruckten Reihenfolge vor. Sie halten vor sich eine Maske (evtl. Rollenkarte auf Rückseite kleben). *Restliche Sch erhalten arbeitsteilige Beobachtungsaufträge:* – »Beobachte die Nachbarin / den Priester / ...: Welche Probleme spricht er an und was erhofft er sich vom Messias?«	**M 9** **M 11a–f** **M 10a**
Auswertung PA	▶ Falls die Sch überfordert sind, das Gehörte zusammenzufassen, könnten sie die entsprechende Rollenkarte erhalten und auswerten; andere Möglichkeit: nach jedem Redner erfolgt eine Pause, in der die Sch eine Zusammenfassung notieren.	**M 10a/b** AB
UG	**Wie sollte nach den Erwartungen der Leute der Messias sein?** *(– Stammt von König David ab → ein neuer König.* *– Wird Israel von den Römern befreien → großer Feldherr / Retter.* *– Wird endlich Frieden bringen.* *– Wird Ungerechtigkeiten zwischen Arm und Reich beseitigen.* *– Wird durchsetzen, dass alle wieder Gott anbeten.* *– Wird Schuldige bestrafen).*	**M 10a/b** AB / Folie von **M 10a/b**
LV (2)	▶ **So reden die Leute im Haus des Zacharias, bis endlich die Beschneidungszeremonie losgeht.** – Der Älteste will dem Kind den Namen Zacharias geben. ▶ **Wie kommt er darauf?** (Zacharias stumm, Namensgebung so üblich.)	**M 8**

Erzählstichpunkte:
- Doch Elisabeth ruft: »Halt! Das Kind soll Johannes heißen.«
- Johannes bedeutet »Gott ist gnädig«.
- Die Anwesenden verstehen nicht.
- Aber Zacharias schreibt auf eine Tafel: »Johannes«.
- Jetzt bleibt den anderen keine Wahl.
- Kaum hat das Kind den Namen, da kann Zacharias plötzlich wieder sprechen.
- Als erstes dankt er Gott, dass er jetzt endlich den Messias geschickt hat.

UG **Wen meint Zacharias?**
(falls Johannes genannt wird, nachfragen, was Gabriel über ihn verkündet hatte [Bote des kommenden Herrn]; Jesus zu dem Zeitpunkt noch im Bauch der Maria!)

»Puffer« ▶ Hat Jesus die Erwartungen, die die Menschen an den Messias hatten, erfüllt?

4. Stunde: Vorbereiten statt bloß rumsitzen und warten

Sozialform/ Methoden	Unterrichtsinhalte, Fragen, Aufgaben	Medien
LV (1)	▶ **Erzählung Teil 1:** »Johnny, der Wartehasser« Ein Junge mag nicht andächtig Advent feiern, weil er nur an einen großen Geschenkwunsch denken muss.	**M 12**, Teil 1
	Erzählerischer Rahmen: Familienkaffee an einem Adventssonntag. – Der Junge Johnny ist zappelig statt andächtig. – Seine Tante Mareike erzählt von ihrer ehrenamtlichen Arbeit in der Vesperkirche. – Johnny kann nicht gut zuhören, weil er immer an seinen größten Wunsch für Weihnachten denken muss, einen Spielecomputer. – Schließlich geht Johnny hinaus und sitzt am einsamen und schneebedeckten Bolzplatz. – Das Warten und die Unsicherheit, ob sein Wunsch erfüllt wird, quälen ihn.	
UG	▶ **Kann man Warten abkürzen? Wie geht das?** *(– Unterschied zwischen beeinflussbaren und nicht beeinflussbaren Dingen.* *– Ablenkung.* *– Sinnvolle Gestaltung einer Wartezeit).* ▶ **Adventsfeier in der Geschichte: Welche Formen Advent zu feiern kennt ihr? Welche gefallen euch besonders gut?** (Rituale sammeln, Sinn erklären. *Zentral: Lichtsymbolik; Ausdruck von Vor-Freude, Hoffnung, Näherkommen [steigende Kerzenzahl]).*	TA der Frage (Seitentafel)

16

LV (2)	▶ **Erzählung Teil 2:** »Die Tante im dünnen Kleid«.	**M 12**, Teil 2
	Erzählstichpunkte:	
	– Mareike ist zu Johnny hinausgekommen.	
	– Ihr fällt die Geschichte von einem ein, der, ähnlich wie Johnny, warten musste: Johannes der Täufer.	**M 12**, Teil 2
	– Da Johnny von Johannes schon in Reli gehört hat, schlägt die Tante vor, dass Johnny ihr zunächst erzählt, was er schon weiß.	
Nacherzählkette	▶ Als **Wiederholung** der vorherigen Stunden **erzählen die Sch** die Ereignisse um Johannes' Geburt sowie die Situation in Israel – Messiaserwartung – nach. Möglich: Sch wirft dem nächsten Nacherzähler einen Ball zu.	Ball
LV (3)	▶ **Erzählung Teil 3:** »Die Taufidee«:	**M 12**, Teil 3
	– Johannes geht als Asket in die Wüste, wird dann aber zu den Menschen gerufen, um sie zur Umkehr zu bringen und zu taufen. Im Anschluss an diese Geschichte überlegen die Tante und der Junge, wie man die Adventszeit sinnvoll gestalten kann.	
	– Mareike erzählt Johnny, wie es Johannes weiter erging:	
	– Johannes ist erwachsen geworden.	
	– Die Welt scheint ihm schlecht, Unterdrückung durch die Römer, Verstöße gegen die Gebote im Kleinen.	
	– Die wunderbaren Erzählungen von seiner Geburt verblassen in ihm.	
	– Er geht in die Einsamkeit, in die Wüste, wird ein Asket, der sich auf Gott und seine Gebote konzentriert.	
	– Einerseits erfüllt ihn sein strenges und einfaches Leben, andererseits wartet er jahrelang auf den Messias.	
	– Fremde, die sich zu ihm verirren, verbreiten die Kunde von Johannes, sodass er richtig berühmt wird.	
	– Die Menschen suchen ihn auf, erhoffen sich Rat und Hilfe.	
	– Johannes ist irritiert davon, dass sie ihn mitunter selbst für den Messias halten.	
	– Eines Morgens hat er die Vision eines Weges, die prophetischen Worte vom Wegbereiter des Herrn kommen ihm in den Sinn – ist Johannes gemeint?	
	– Er sieht eine Aufgabe für sich, er will die Menschen zur Umkehr bewegen.	
	– Dazu will er ihnen über das Predigen hinaus ein Zeichen geben: *die Taufe.*	
	– Menschen, die getauft werden wollen, ohne wirklich ihr Leben ändern zu wollen, erzürnen Johannes.	
	– Er gibt den Menschen konkrete ethische Ratschläge, z.B. mit den Armen zu teilen.	
	– Johannes taucht die Täuflinge im Jordan ganz unter.	
	Zurück zum erzählerischen Rahmen:	
	– Mareike erzählt Johnny, dass er eigentlich den gleichen Namen wie Johannes hat: Gott ist gnädig.	
	– Sie bedenken Gemeinsamkeiten und Unterschiede des Wartens: Johannes hat etwas tun können.	
	– Mareike ermuntert Johnny, auch etwas zu tun, damit die Zeit schneller vergeht, z.B. ihr in der Vesperkirche einmal zu helfen.	
UG	▶ **Ergebnissicherung** auf dem AB: *»Johannes tauft die Menschen, weil er sie gut auf die Ankunft des Messias vorbereiten will.«* – *»Wir feiern Advent, weil wir uns gut auf Weihnachten, auf Jesu Ankunft, vorbereiten wollen.«*	**M 13** AB

Sozialform/Methoden	Unterrichtsinhalte, Fragen, Aufgaben	Medien
	▶ **Was haben beide Hälften des AB gemeinsam?** → Es geht um sinnvolle Vorbereitung. (Formulieren der AB-Überschrift: »Vorbereiten statt bloß rumsitzen und warten« – kann natürlich wie alle Ergebnissicherungen im Wortlaut abweichen)	
EA (oder als HA)	▶ **Malen:** Taufszene mit Johannes in die Wolke auf dem AB links oben – Adventsszene oder Adventssymbol (Kranz) in die Wolke rechts oben – eventuell Ausmalen der Wüsten- und Schneelandschaft unten.	Farbstifte
UG	▶ **Wie kann Johnny die Adventszeit sinnvoll gestalten? Wie können wir das tun?**	

5. Stunde: Der Messias bekommt ein Gesicht

Sozialform/Methoden	Unterrichtsinhalte, Fragen, Aufgaben	Medien
Singen	▶ Passend: **Lied** »Macht hoch die Tür«	
UG	▶ Möglicher **Einstieg:** TA: »Der Retter der Welt«	TA
	▶ **»Stellt euch vor, für einen Film mit diesem Titel wird der Hauptdarsteller gesucht. Welcher wäre geeignet? Warum?«** L zeigt verschiedene ›Heldenbilder‹ des medialen Alltags, z.B. Michael Ballack oder andere Sportstars, Batman und andere Comicfiguren, einen bekannten Politiker wie Barack Obama, oder eine Figur wie James Bond usw. – Eigenschaften eines Helden: sichtbare und unsichtbare, vordergründige und verborgene. – Typische und untypische Helden.	
LV	▶ **Erzählung** »Der Messias bekommt ein Gesicht«: Obwohl er berühmt wird, hat Johannes zunächst noch manchmal Zweifel am Sinn seines Taufens; erst als er Jesus tauft und Gott diesen zu seinem Sohn erklärt, bekommt der Messias ein Gesicht. – Johannes wird berühmt. Man nennt ihn nun den »Täufer«. – Seinem Freund Jonathan gegenüber äußert er Zweifel am Sinn seiner Sendung. – Unerkannt kommt Jesus zu Johannes und dieser tauft ihn. – Der Getaufte erfährt die Erwählung durch Gott (Taube, »Du bist mein lieber Sohn …«). – Johannes erkennt in Jesus den Messias. – Er ist gespannt, was der Messias nun tun wird.	**M 14**
PA/GA Rollenspiel	▶ Sch denken sich das Gespräch zwischen Johannes und Jonathan aus – was nun, da Jesus der Messias ist –, halten ihre Ideen eventuell in Stichworten fest und spielen es der Klasse vor. (Möglich: einfache Requisiten zur Einfühlung in die Rollen, z.B. ›Kamelhaargewänder‹; graubraune Tücher.)	Requisiten
UG	▶ Vergleich mehrerer Gespräche: – kriegerische Ideen? Messias zieht mit himmlischen Heerscharen (und Johannes) gegen die Römer – Superman-Fantasien? Jesus allein gegen den Rest der Welt – Welche Rolle spielen (dann) Johannes und seine Anhänger?	

Bildbetrachtung	▶ Sch **beschreiben das Bild** zunächst genau, äußern Vermutungen, wer wer sein könnte.	**M 15** Folie
UG	L informiert. *(Szene am nächsten Morgen; die Hinterköpfe im Vordergrund sind Johannes und Jonathan. Jesus geht allein weg in die Wüste.)*	
	▶ **»Wie reagieren wohl Johannes und Jonathan?«** *(– Überraschung, Enttäuschung.* *– Jesus durchbricht die Messias-Erwartungen [vom Vorabend / aus dem Rollenspiel].* *– Johannes und Jonathan sind deshalb ratlos, unsicher – sie müssen sich erst einen Reim auf Jesu Handeln machen.)*	
EA	▶ **Arbeitsaufgabe:** – Zeichne die Gesichter von Johannes und Jonathan ins Heft. – Bring ihre Stimmung zum Ausdruck (Augen, Mund). – Gib jedem eine Denkblase und beschrifte diese.	

6. Stunde: Weihnachten – die fast vergessene Geschichte

Sozialform/ Methoden	Unterrichtsinhalte, Fragen, Aufgaben	Medien
LV	▶ **Erzählung:** »Weihnachten – die fast vergessene Geschichte«: *Erzählstichpunkte:* – Als Jesus am Tag nach der Taufe einfach in die Wüste geht, sind Johannes und Jonathan ratlos: Jesus handelt nicht, wie sie es vom Messias erwarten. – Ein alter Hirte kommt hinzu. Johannes erzählt ihm die Ereignisse des Vortags. – Er berichtet auch von den Erzählungen seiner Eltern: – Bei der Geburt Jesu seien drei weise Sterndeuter mit Geschenken erschienen. – Diese hätten seine Messianität bestätigt. – Im Kontrast dazu steht nun dieser Jesus, der einfach in die Wüste geht. – Der alte Hirte erinnert sich an eine ähnliche Geschichte: Er war einer der Hirten auf dem Felde bei Jesu Geburt. – In der Einfachheit der Geburt Jesu sieht er eine Parallele zur Einfachheit, mit der Jesus nun auftritt. Er erzählt …	**M 16**
PA	▶ **Arbeitsaufgabe:** Dem alten Hirten sind beim Erzählen der Weihnachtsgeschichte ein paar Fehler unterlaufen. Verbessere sie und fülle die Lücken aus.	**M 17** AB (oben)
	▶ Anschließend **Ergebnisvergleich**.	**M 17** Lösungs- blatt (unten)
UG	▶ **»Der alte Hirte hat gesagt, dass Weihnachten eine einfache Geschichte ist. Was ist denn einfach daran? Was ist einfach am Verhalten Jesu am Morgen nach der Taufe? Was sagt beides über Jesus aus?«** TA:	
	Jesu Geburt / Jesus nach der Taufe – einfache Umstände (Stall, Krippe) – einfaches Verhalten (geht zu Fuß und allein – einfache Zeugen in die Wüste, keine (Hirten) Königskleidung) Jesus, ein einfacher Mensch ohne Prunk	TA, Hefte

7. Stunde: Johannes erinnert sich

Sozialform/ Methoden	Unterrichtsinhalte, Fragen, Aufgaben	Medien
Impuls	▶ **Bild** »Verzweiflung«	**M 18** Folie
UG	▶ **»Wie fühlt sich der Mensch auf dem Bild?«** *(Verzweifelt, verlassen ...)* ▶ **»Ist der Mensch wirklich verlassen?«**	
LV	▶ L-Impuls: »Der Mensch auf dem Bild könnte Johannes sein: Johannes verzweifelt im Gefängnis.« ▶ **»Wie ist Johannes ins Gefängnis gekommen?«**	**M 19a**, Teil 1
LV	*Erzählstichpunkte:* – Ruf zur Umkehr als Kritik. – Kritik hat auch vor Herodes nicht Halt gemacht: Anklage wegen Heirat mit Herodias, der Frau seines Bruders. – Herodes lässt Johannes ins Gefängnis sperren, zögert aber, ihn zu töten. – Johannes im Gefängnis. – Besuch seiner Jünger. – Leitfrage: Ist Jesus der Messias? – Infragestellung: Jesus speist mit den Zöllnern. – Johannes braucht Gewissheit: Anfrage.	
UG	▶ **»Worüber denkt Johannes nach?«** L schreibt an die Tafel: **»Kann Jesus der Messias sein, wenn er sich mit Verrätern abgibt?«**	TA
LV	▶ **Erzählung** *Stichpunkte:* – Johannes zweifelt / verzweifelt. – Erinnerung trübt sich. – Johannes muss sich weiter erinnern um seine Hoffnung zu bewahren. ▶ **»Woran erinnert sich Johannes?«** Plakate werden an den vier Wänden des Klassenzimmers aufgehängt. L gibt entsprechend der Erzählung die Geschichten vor und schreibt die Titel auf die Plakate.	**M 19a**, Teil 2 Plakate **M 19a**, Teil 3
Klassenaktion	*1. Zacharias und Elisabeth* *2. Situation in Israel* *3. Am Jordan* *4. Die Geschichte des alten Hirten (Weihnachtsgeschichte)* ▶ Sch beschriften die Plakate mit den Erinnerungen des Johannes.	

Sozialform/ Methoden	Unterrichtsinhalte, Fragen, Aufgaben	Medien
UG	▶ **Wiederholung:** L fasst mit Hilfe der Sch die Ergebnisse der vorigen Stunde zusammen.	Plakate (s. 7. Stunde)
LV / UG	▶ L verdeutlicht in der Erzählung die Parallelität der Ereignisse unter dem Begriff *Ein Höhergestellter begegnet einem Niedrigeren* (Magnificat!). *Erzählstichpunkte*: – Johannes versucht, ein Muster in den Ereignissen zu erkennen. – Ausgangsfrage ist: Wie kann es sein, dass Jesus mit den sündhaften Zöllnern speist? – Er schreibt: *Jesus kommt zu den Zöllnern.* Er schreibt: *Engel kommt zu Zacharias.* Er schreibt: *Engel kommt zu Maria.* – Er schreibt: *Maria kommt zu Elisabeth.* Er schreibt: *Engel kommt zu den Hirten.* Er schreibt: *Messias kommt zu Israel.* – Johannes überlegt, wie die Weihnachtsgeschichte mit der Futterkrippe in dieses Muster passt. – Er versteht das Muster immer noch nicht. – Das Magnificat, (Lk 1,46–56), an das er sich aus seiner Kindheit erinnert, gibt ihm den Schlüssel zum Verstehen des Musters: – »Gott erhebt die Niedrigen«, hat Maria vor seiner Mutter gesungen. – Johannes versteht: Gott ist auf der Seite der Niedrigen und will diese erheben. – Jesus ist (wie) Gott: Er kommt zu den Niedrigen. Deshalb kommt er nicht in Pracht, sondern im Futtertrog zur Welt. – Deshalb speist er mit den Zöllnern. – Er schreibt: *Jesus kommt zu den Menschen.* – Johannes versteht, dass Jesus der Messias Gottes ist, der die Niedrigen erhebt. – Boten bestätigen Johannes durch die Nachricht. – Johannes wird von den Wärtern misshandelt und abgeführt. – Die Boten verstehen Johannes und beschließen, sich Jesus anzuschließen.	**M 19b**, Teil 1 TA (vgl. S. 22)
LV	– Salome soll am Geburtstag des Herodes tanzen. – Herodias plant die Hinrichtung des Täufers. – Herodes begeistert sich für Salomes Tanz und stellt ihr einen Wunsch frei. – Herodias zwingt Salome sich den Kopf des Johannes zu wünschen. – Herodias erschrickt, weil das Gesicht des Johannes Zuversicht ausstrahlt und nicht die von ihr erhoffte Qual.	**M 19b**, Teil 2
UG	▶ **Was bedeutet die Erkenntnis des Johannes nun für uns?**	
HA	▶ Die Sch schreiben eine **Nacherzählung** oder malen ein **Bild** zu einer Situation, in der sie sich gefreut haben, weil jemand, der stärker war als sie, ihnen geholfen hat.	

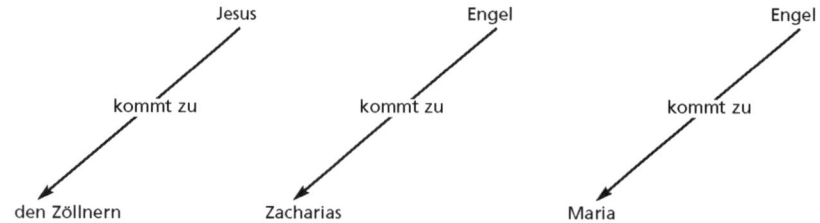

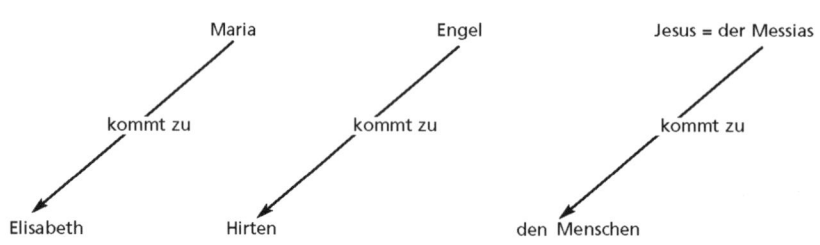

Gott lässt Jesus als Messias zu den Niedrigsten
kommen, um diese zu erheben und sie zu erlösen.
Diese frohe Botschaft gilt für die Zöllner (und auch für uns).

Teil 1

Die Geschichte spielte sich vor ca. 2000 Jahren ab und wird uns im Lukas-Evangelium erzählt:

In einer Stadt im Bergland von Judäa[1] *(eventuell auf Karte **M 2** zeigen)* lebte ein Ehepaar. Der Name der Frau war Elisabeth, der Mann hieß Zacharias. Sie waren beide sehr fromm und gottesfürchtig. Nun könnte man meinen, das sei in ihrem Fall nichts Besonderes, denn sie entstammten beide alten Priesterfamilien und Zacharias war sogar selbst Priester. Aber leider war es damals keineswegs so, dass die Priester auch Gott gehorsam waren. Sie hatten im Volk sogar einen ziemlich schlechten Ruf, weil sie den Leuten eine Menge Geld abknöpften, wenn diese zum Opfern in den Tempel gingen; außerdem teilten sich die obersten Priesterfamilien die Macht mit dem König, der das Volk grausam behandelte.

Auch über Elisabeth und Zacharias wurde Schlechtes geredet, aber aus einem anderen Grund: Sie hatten nämlich keine Kinder. Kinderlosigkeit galt damals als eine große Schande. Wenn ein Ehepaar kein Kind hatte, dachten die Leute, das sei eine Strafe Gottes. Vor allem die Frau bekam den Spott und die Verachtung zu spüren: »Ha, Elisabeth wird nie ein Kind bekommen. So ein Pech für Zacharias, dass er sie geheiratet hat! Sie muss ganz schön gesündigt haben, dass Gott sie so straft!«

Inzwischen waren die beiden alt geworden. Sie hatten sich allmählich damit abgefunden, dass ihr großer Wunsch nach einem Kind nicht erfüllt würde. Aber manchmal tat es trotzdem noch weh. Vor allem, wenn sie die mitleidigen oder verächtlichen Blicke der Leute sahen.

Die Priesterschaft war damals in Abteilungen eingeteilt, die zweimal im Jahr jeweils eine Woche Dienst am Tempel in Jerusalem hatten. So kam es, dass Zacharias eines Tages mal wieder nach Jerusalem ziehen musste, um mit seiner Abteilung den Wochendienst zu übernehmen. Früh morgens packte ihm Elisabeth seinen Beutel mit Kleidung und Verpflegung und dann ging er los. Seine Stadt lag nur etwa 8 km von Jerusalem entfernt, aber der Weg war, da er ja in einer Bergstadt lebte, für einen Mann in seinem Alter trotzdem ganz schön beschwerlich. Während er langsam vor sich hinschritt, hatte er deshalb viel Zeit nachzudenken.

Nach Jerusalem ging er immer mit ziemlich gemischten Gefühlen: Einerseits freute er sich, wieder den Dienst für Gott tun zu dürfen, und er war gespannt, welche Aufgabe ihm diesmal durch das Los zufallen würde. Er freute sich auch darauf, die Männer aus seiner Abteilung wiederzusehen – schließlich geschah das nur zweimal im Jahr. Sie hatten sich dann immer viel zu erzählen. Andererseits aber war dies auch das Problem, das ihm Bauchschmerzen verursachte: Er würde wieder vieles mit ansehen und mit anhören müssen, was so gar nicht seinen Vorstellungen von einem gottgefälligen Leben entsprach.

Je näher Zacharias der Stadt Jerusalem kam, desto mehr Leuten begegnete er, die auch auf dem Weg waren. Einzelne Reisende wie er waren eher selten. Oft kamen ihm Gruppen entgegen: Händler mit voll beladenen Eseln, Frauen und Kinder mit Körben, die wohl am Morgen auf dem Markt gewesen waren; Bauern, auf dem Weg zu ihren Feldern. Gerade kam ihm ein Vater mit seinem Sohn entgegen. Und Zacharias fiel ein, dass natürlich auch wieder alle berichten würden, was ihre Kinder und ihre Enkel taten. Da musste er wieder an seinen so lange gehegten Kinderwunsch denken. Verschiedene Gedanken schwirrten ihm durch den Kopf.

Was könnte Zacharias wohl gedacht haben?

---

1   Auf Karte einen Punkt ca. 8 km westlich von Jerusalem zeigen (vgl. Eckey, W., Das Lukas-Evangelium unter Berücksichtigung seiner Parallelen, Teilband 1, Neukirchen-Vluyn 2004, S. 99).

Teil 2

Zacharias war nun schon seit einigen Tagen im Tempel beschäftigt. Er hatte das begehrteste Los gezogen und durfte im Heiligtum, also an einem Ort, den nur wenige Priester betreten durften (weil er ganz nah am Allerheiligsten[2] war), Weihrauch auf den Räucheraltar legen. Das galt als ehrenvollste Aufgabe am Tempel und jeder Priester konnte sie, weil es so viele Priester gab, höchstens einmal im Leben ausführen. Nach dem Opfer hatte er auch die Aufgabe, die Menschenmenge, die sich im Vorhof des Tempels versammelt hatte, zu segnen.

Während Zacharias sich also im Heiligtum befand und sein Gebet sprach, sah er plötzlich einen Engel vor sich. Er erschrak sehr, aber der Engel sagte: »Fürchte dich nicht, Zacharias! Dein Gebet ist erhört worden. Deine Frau Elisabeth wird einen Sohn gebären, und den sollst du Johannes nennen. Er wird viele Menschen in Israel zu Gott bekehren und er wird als Bote vorausgehen und das Volk auf das Kommen des Herrn vorbereiten.«

Zacharias konnte nicht glauben, was er da hörte. Er sagte zu dem Engel: »Woran soll ich erkennen, dass das stimmt? Ich bin doch schon so alt und meine Frau auch. Wie sollen wir noch ein Kind bekommen?«

Da sagte der Engel zu Zacharias: »Da du meinen Worten nicht glauben kannst, wirst du zum Zeichen ab jetzt stumm werden bis zu dem Tag, an dem das eintrifft, was ich dir verkündet habe!«

Dann verschwand der Engel. Zacharias aber ging in den Vorhof, wo die Menschen standen und auf seinen Segen warteten. Aber er konnte den Segen nicht sprechen, denn er war plötzlich stumm geworden!

Nachdem die Woche zu Ende war, durfte Zacharias heimkehren. Obwohl der Weg zurück noch mühsamer war, weil er ja bergauf führte, eilte Zacharias, als sei er 20 Jahre jünger geworden, im Sauseschritt nach Hause.

Zum Glück konnte Elisabeth lesen. Er schrieb ihr alles, was ihm der Engel verkündet hatte, auf und Elisabeth saß da und konnte ihr Glück nicht fassen. Sie umarmten sich und weinten vor Freude.

Elisabeth sagte: »So lange haben wir uns dieses Kind gewünscht, so lange!«

Da fielen Zacharias die Gedanken wieder ein, die er auf dem Weg nach Jerusalem gehabt hatte. Jetzt sah er alles in einem völlig neuen Licht. Das musste er seiner Frau unbedingt mitteilen.

Was könnte er ihr geschrieben haben?

---

2   Nur ein Vorhang trennte ihn vom Allerheiligsten.

24

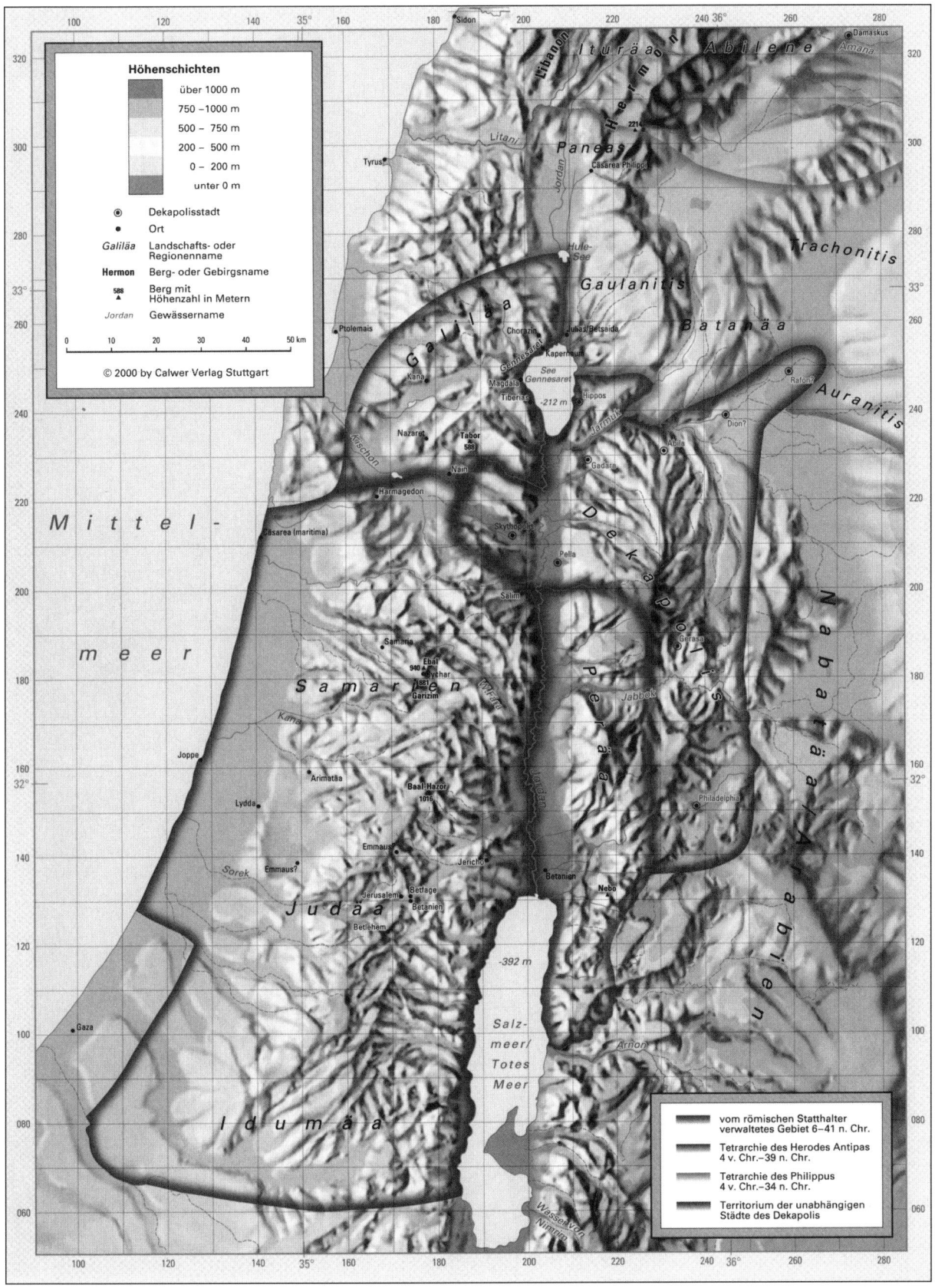

Höhenschichten

über 1000 m
750 – 1000 m
500 – 750 m
200 – 500 m
0 – 200 m
unter 0 m

⊙ Dekapolisstadt
•   Ort
Galiläa   Landschafts- oder Regionenname
Hermon   Berg- oder Gebirgsname
588 ▲   Berg mit Höhenzahl in Metern
Jordan   Gewässername

0   10   20   30   40   50 km

© 2000 by Calwer Verlag Stuttgart

vom römischen Statthalter verwaltetes Gebiet 6–41 n. Chr.
Tetrarchie des Herodes Antipas 4 v. Chr.–39 n. Chr.
Tetrarchie des Philippus 4 v. Chr.–34 n. Chr.
Territorium der unabhängigen Städte des Dekapolis

© Calwer Verlag Stuttgart

25

M 4   Hevenu schalom

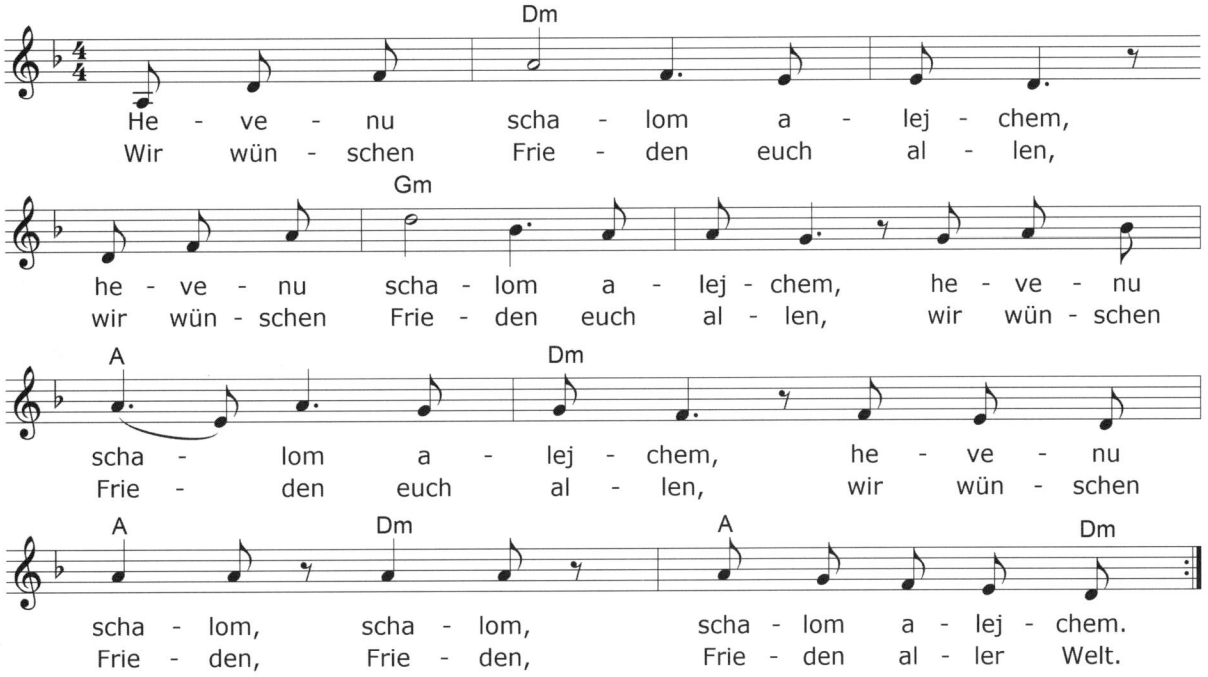

He - ve - nu scha - lom a - lej - chem,
Wir wün - schen Frie - den euch al - len,

he - ve - nu scha - lom a - lej - chem, he - ve - nu
wir wün - schen Frie - den euch al - len, wir wün - schen

scha - lom a - lej - chem, he - ve - nu
Frie - den euch al - len, wir wün - schen

scha - lom, scha - lom, scha - lom a - lej - chem.
Frie - den, Frie - den, Frie - den al - ler Welt.

Prozessionstanz zu »Hevenu schalom«

Ausgangsposition:
In einer Reihe hintereinander, beide Hände liegen auf den Schultern der vorderen Person. Die erste Person hält die Hände in Gebetshaltung.

Bewegung:
Nach dem Auftakt auf »schalom« beginnen:
1. Takt: rechts vor, links vor, rechts vor, auf rechts am Platz hüpfen.
2. Takt: links vor, rechts vor, links vor, auf links am Platz hüpfen usw.
(| re – li – re – re | li – re – li – li |.)

Ihr erinnert euch noch, wie der Engel Gabriel dem Zacharias die Geburt eines Sohnes ankündigte. Was macht nun so ein Engel, wenn er seinen Job erfüllt hat? Ruht er sich aus oder ist er dauernd auf Achse?

(Evtl. kurzes UG)

Wir wissen nicht, was der Engel Gabriel in den sechs Monaten nach dieser schönen Botschaft an Zacharias tut. Aber dann bekommt er einen neuen Auftrag. Auf den freut er sich ganz besonders:

Er soll wieder eine Geburt ankündigen – diesmal einem jungen Mädchen, das in dem kleinen Ort Nazareth in Galiläa lebt und mit einem Zimmermann namens Josef verlobt ist. Das Mädchen heißt … *(Sch-Antwort)*

Als sie eines Tages allein ist, steht plötzlich der Engel Gabriel vor ihr; sie erschrickt heftig. Der Engel aber sagt zu ihr:

»Hab keine Angst. Du wirst schwanger werden und einen Sohn bekommen. Den sollst du Jesus nennen. Er wird ›Sohn des Höchsten‹ genannt werden, und Gott wird ihn zum König machen. Seine Herrschaft wird nie zu Ende gehen.«

Maria ist ja noch gar nicht verheiratet. Was werden die Leute, was wird Josef denken? Weiß der Engel das etwa gar nicht? Aber der Engel Gabriel erklärt ihr nur, dass auch ihre Verwandte Elisabeth schwanger ist – schon im 6. Monat –, obwohl das auch keiner für möglich gehalten hätte.

(Würde euch an Marias Stelle so eine Antwort beruhigen?)

Maria aber glaubt dem Engel, dass alles so sein soll. Sie antwortet ihm einfach:

»Ich gehöre Gott, ich bin bereit. Es soll an mir geschehen, was du gesagt hast.«

Und was macht Maria, nachdem sich der Engel davongemacht hat? Sie hat eine gute Idee. Sie denkt sich nämlich: Wenn mir das irgendjemand glauben wird, dann nur eine: meine Verwandte Elisabeth! Schnell packt sie ihren Reisebeutel, verabschiedet sich von Joseph und ihrer Familie und macht sich auf, Elisabeth zu besuchen.

Elisabeth wohnt mehrere Tagereisen entfernt. Oft sehen sich die beiden nicht. Die ganze Zeit auf ihrer Reise überlegt Maria, wie sie es ihr sagen soll. Elisabeth ist doch so fromm. Und Zacharias erst. Hoffentlich denken sie nicht schlecht von ihr.

Als Maria endlich bei Elisabeth ankommt, kommt ihr diese schon entgegen und bevor sie ihr erzählen kann, was ihr passiert ist, ruft Elisabeth aus:

»Gott hat dich unter allen Frauen ausgezeichnet, dich und dein Kind. In dem Augenblick, als ich deinen Gruß hörte, hüpfte das Kind vor Freude in meinem Bauch.«

Jetzt weiß Maria, dass sie sich den Engel nicht eingebildet hat. Und sie weiß, dass es ganz richtig war, hierher zu kommen. Drei ganze Monate, also bis zur Geburt von Johannes, bleibt sie bei Elisabeth.

Der Engel sagte zu mir:
»Hab keine Angst, Gott will dich beschenken! Du wirst schwanger werden und einen Sohn gebären. Dem sollst du den Namen Jesus geben. Er wird groß sein und wird ›Sohn des Höchsten‹ genannt werden. Gott, der Herr, wird ihn auf den Thron seines Vorfahren David erheben. **Seine Herrschaft wird nie zu Ende gehen.«**

Da sagte ich: **»Ich gehöre dem Herrn, ich bin bereit. Es soll an mir geschehen, was du gesagt hast.«**
Stell dir vor, Elisabeth: **Wir dürfen glauben, dass bald die ewige Herrschaft Gottes beginnt!**

In dem Augenblick, als ich deinen Gruß hörte, hüpfte das Kind vor Freude in meinem Bauch.
Du darfst dich freuen, denn du hast vertraut, dass die Botschaft, die der Herr dir sagen ließ, in Erfüllung geht.

Arbeitsauftrag:
Lest die oben abgedruckten Texte und ergänzt mit ihrer Hilfe euren Heftaufschrieb zum Advent: Was hat die Geschichte von Maria und Elisabeth mit der christlichen Adventszeit gemeinsam? (Achtet vor allem auf die fettgedruckten Sätze.)

Teil 1

Im Haus von Zacharias und Elisabeth ist einiges los: Alle Verwandten, Nachbarn und Freunde haben sich eingefunden, denn der kleine Sohn der beiden soll heute dem Brauch gemäß beschnitten werden und bei der Gelegenheit auch seinen Namen bekommen. Das Kind ist gerade mal 8 Tage alt und da sein Vater immer noch nicht sprechen kann, wird ein Verwandter die Zeremonie leiten.

Während die Leute auf den Beginn der Zeremonie warten, kommen sie miteinander ins Gespräch. Sie sprechen, wie so oft, über die große Not in Israel und wie sehr sie hoffen, dass der Messias endlich kommt:

(Rollenspiel)

Teil 2

So reden die Leute im Haus des Zacharias, bis endlich die Beschneidungszeremonie losgeht.

Nachdem der Älteste das Kind beschnitten hat, spricht er einen Segen und will ihm den Namen Zacharias geben.

Wie kommt er darauf? *(Name des Vaters)*

Doch da ruft Elisabeth, die Mutter: »Halt! Das Kind soll Johannes heißen.«

Johannes bedeutet »Gott ist gnädig«.

Die Anwesenden verstehen nicht. »Wie, er soll nicht Zacharias heißen? Was ist bloß in Elisabeth gefahren? Will sie jetzt allein bestimmen?« Aber Zacharias lässt sich eine Wachstafel bringen und schreibt: »Johannes«. Jetzt bleibt den anderen keine Wahl – sie müssen das Kind so nennen, obwohl sie nicht begreifen, wieso. Und kaum hat das Kind den Namen, den Gott dem Zacharias durch den Engel Gabriel befohlen hatte, da kann Zacharias plötzlich wieder sprechen. Und das erste, was er von sich gibt, ist ein Dank an Gott, weil er jetzt endlich den Messias geschickt hat!

Priester: »Stellt euch vor, letzte Woche war ich beim Tempeldienst in Jerusalem. Und was sehe ich, als ich einmal zum Hohenpriester nach Hause geschickt werde: Sein Haus ist voller Gold und Schätze. Woher hat er diese, frage ich mich, wenn nicht aus der Tempelsteuer und anderen Opfern der Tempelbesucher. Und wer, glaubt ihr, war gerade bei ihm zu Besuch? – König Herodes, dieser Halsabschneider; dieser Römerfreund. Die beiden schienen sich blendend zu verstehen! Die ganze Sippe des Hohenpriesters stolziert in Jerusalem herum, als seien sie etwas Besonderes und sie tun nichts mehr von dem, was Gott uns Priestern ursprünglich befohlen hat. Ach, wie ich doch darauf warte, dass Gott endlich den Messias schickt, damit er den Laden aufräumt und wir endlich wieder Gottesdienste feiern können, wie sie Gott gefallen!«

Bauer: »Nicht nur am Tempel knöpfen sie uns armen Leuten Geld ab. Am schlimmsten sind die Großgrundbesitzer. Die warten doch wie die Aasgeier darauf, dass es in einem Jahr mal wieder wenig regnet oder dass die Heuschrecken das Land überziehen und die ganze Saat auffressen. Dann müssen wir Kleinbauern bei ihnen Schulden machen und wenn wir diese nicht zurückzahlen können, müssen wir unser Land an sie abtreten und für sie arbeiten.
Ach, wann will Gott endlich unser Elend ansehen und den Messias schicken, dass dieser uns armen Leuten hilft!«

Nachbarin: »Ja, wir mussten schon unseren älteren Sohn als Sklaven verkaufen, weil wir unsere Schulden nicht bezahlen konnten. Und dabei verbietet das Gesetz Gottes doch eindeutig die Schuldsklaverei. Aber die Reichen kümmern sich nicht um Gottes Gebote. Wann wird Gott unser Elend ansehen und den schicken, der in Israel Recht und Gerechtigkeit wiederherstellt?«

Händler: »Und die Römer! Nicht nur, dass sie uns so hohe Steuern abknöpfen, dass wir kaum zu essen haben, sondern sie schikanieren uns auch auf Schritt und Tritt. – Überall müssen wir Wegezölle zahlen. Und erst gestern zwang mich wieder ein Soldat, sein schweres Marschgepäck eine ganze Meile für ihn zu tragen! Wenn der Messias kommt, wird er als erstes die gottlosen Römer aus dem Land vertreiben und wie David ein neues, diesmal ewiges Königtum in Israel errichten! Dann wird auch ewiger Friede herrschen.«

Zelot mit Schwert: »Er wird nicht kommen, wenn wir nichts gegen Leute wie den da (zeigt verächtlich auf den Zöllner) unternehmen! Wir müssen den ersten Schritt tun. Dann wird auch der Messias mit seinen Heerscharen kommen und Israel den Sieg bringen. ›Hilf dir selbst, dann hilft dir Gott!‹, sage ich immer.«

Zöllner *(sitzt außerhalb der Gruppe, ist das schwarze Schaf der Familie)*: »O je, hoffentlich kommt er nicht so bald! Ich bin dann bestimmt dran. Er wird mich dafür bestrafen, dass ich mit den Römern zusammenarbeite und mich auf Kosten der anderen bereichere.«

Du spielst in der nächsten Religionsstunde _____

1. Bringe einen Gegenstand mit, der zu deiner Rolle passt (Requisite).
2. Schreibe dir vier bis fünf Stichwörter auf, mit deren Hilfe du deinen Text *frei* vortragen kannst:

_____

_____

_____

_____

Lösungsblatt: So stellten sich die Menschen in Palästina den Messias vor

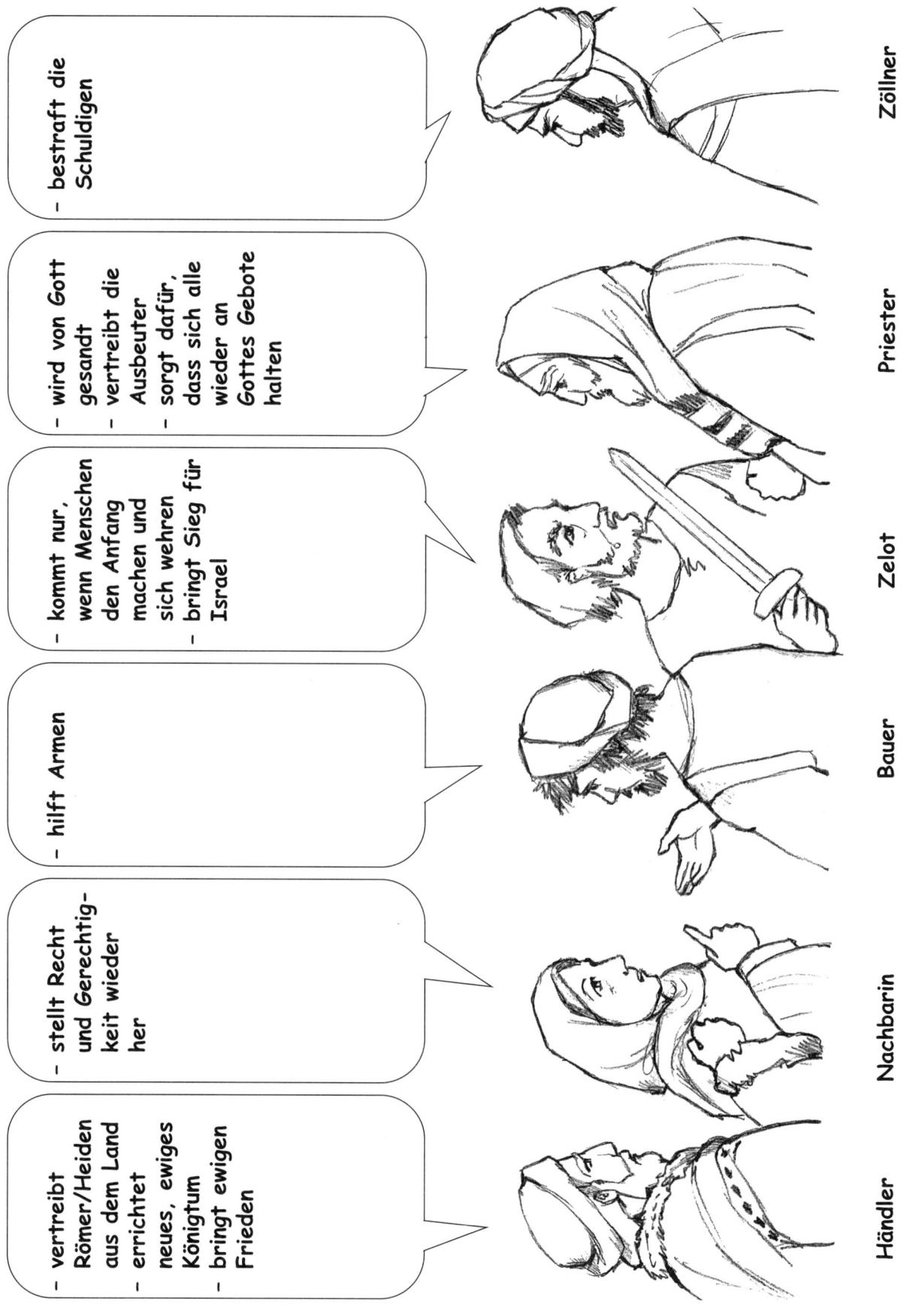

- bestraft die Schuldigen

- wird von Gott gesandt
- vertreibt die Ausbeuter
- sorgt dafür, dass sich alle wieder an Gottes Gebote halten

- kommt nur, wenn Menschen den Anfang machen und sich wehren
- bringt Sieg für Israel

- hilft Armen

- stellt Recht und Gerechtigkeit wieder her

- vertreibt Römer/Heiden aus dem Land
- errichtet neues, ewiges Königtum
- bringt ewigen Frieden

Zöllner

Priester

Zelot

Bauer

Nachbarin

Händler

Teil 1: Johnny, der Wartehasser

Johnny ist genervt. Alles um ihn rum nervt ihn heute. Das Halbdunkel im Wohnzimmer, nur von Kerzen erleuchtet. Draußen dämmert es jetzt bereits am Nachmittag. Die Stimmung von Frieden und Feierlichkeit, die von dem geschmückten Tisch ausgeht. Das helle Zentrum – des Tischs, der um ihn versammelten Menschen, ja, des ganzen Raums – bilden die zwei Kerzenflammen auf dem Adventskranz. Ganz still stehen sie auf ihren Dochten. Aber Johnny – er rutscht unruhig auf seinem Stuhl hin und her. Azvenzkranzkerzen, denkt er: So fühlt er sich, so zappelig, zuckelig, zickzackig wie die vielen Z in dem Wort. Die Ruhe, die Wärme, der Frieden – fast machen sie ihn zornig. Eigentlich mag er ja Adventssonntage, aber heute kann er die andächtige Stimmung kaum ertragen.

Johnnys Vater hat den Erwachsenen Kaffee eingeschenkt, während seine Mutter den Kuchen in Stücke teilte. Als Erstes bekam Mareike, der Gast: Papas jüngere Schwester und Johnnys Lieblingstante. Der Junge hat Kakao in der Tasse und das größte Kuchenstück auf dem Teller; Mama hat wohl gemerkt, wie ihm zu Mute ist. Aber heute würde ihn auch ein Kuchenstück, groß wie ein Einkaufszentrum oder ein Ozeandampfer, nicht zufrieden machen. Und Kakao … kann ich mir Cola holen, Mama? – Jetzt sei doch mal ein paar Minuten friedlich, Johnny, antwortet die Mutter, aber als er nicht locker lässt, gibt sie nach: Dann hol dir halt Cola.

Als Johnny aus der Küche zurückkommt, in der einen Hand die kühlschrankkühle Flasche, in der anderen das Glas, erzählt Mareike gerade den Eltern von ihrer Arbeit bei der Vesperkirche. Das Wort klingt irgendwie komisch und auch spannend, eine Zeit lang hört der Junge zu. Mareike erzählt, dass in ihrer Kirche jetzt im Winter auch wochentags viele Menschen sind. Menschen, an denen man sonst oft achtlos vorbeigeht, die man gar nicht wahrnimmt, mit denen man vielleicht auch nichts zu tun haben will: Obdachlose, Alte, Kranke, Arbeitslose, Behinderte. Und warum sind die alle in der Kirche?, fragt Johnny. Das ist ein warmer Raum in der kalten Jahreszeit, antwortet Mareike lächelnd; das Interesse des Jungen freut sie. Bei uns bekommen sie etwas zu essen, können sich ausruhen und reden, miteinander oder mit uns, manchmal kommt auch ein Arzt vorbei, der sie kostenlos behandelt. Aber Johnny hört schon nicht mehr zu. In seinem Kopf hat sich das Bild des Spielecomputers wieder nach vorne geschoben, so weit nach vorne, dass es alles andere verdeckt. Das Bild in seinem Kopf ist bunt wie im Prospekt, und wie im Prospekt sieht er den Preis daneben, rote Zahlen in einem gelben Stern, mit dem Wörtchen »nur« davor. »Nur …«, denkt Johnny griesgrämig. Diese Summe kriegt er, indem er sein Taschengeld spart, niemals zusammen. Es gibt nur einen Weg: Er muss ihn geschenkt kriegen. Er *muss* ihn einfach geschenkt kriegen! Kriegst du wenigstens Geld für die Vesperkirche?, fragt er die Tante, wobei er sie unterbricht; ihre letzten Sätze hat er gar nicht mehr mitbekommen. Nein, sagt Mareike. Das mache ich ehrenamtlich. Ehrenamtlich heißt: Das mache ich, weil ich es gern mache. Helfen macht Freude, weißt du.

Das ist wirklich ein blöder Sonntag, denkt Johnny ein wenig später. Und wenn man genervt ist, darf man auch zurücknerven. Eine Weile hören sich die Großen das Störfeuer seiner Bemerkungen an, aber irgendwann ist es Mareike zu viel. Du, Johnny, sagt sie. Wir möchten uns jetzt mal in Ruhe unterhalten. Sagen wir, noch eine halbe Stunde. Und dann mach ich was mit dir. Versprochen. – Kann ich dann raus?, fragt der Junge, wobei er die Laute langzieht, damit auch alle mitkriegen, wie ihm zu Mute ist. Mama seufzt. Johnnys Stuhl fällt um, als er den Raum verlässt. Ich weiß nicht, was er hat, sagt die Mutter. Sonst hat er sich immer so auf Weihnachten gefreut. Nicht mal den Kuchen hat er aufgegessen. Lass Johnny, sagt Papa. Er darf auch mal keine Lust haben. Aber das heißt nicht, dass wir alle uns den schönen Adventssonntag vermiesen lassen. Ich für meinen Teil ess' noch ein Stück. Ich auch, sagt Mareike.

Und Johnny? Der sitzt draußen hinter dem Garten am Rand des Bolzplatzes. Hier spielen sie oft Fußball. Kurz hat er überlegt, die anderen Jungs zu fragen, ob sie kicken kommen. Aber dann ist ihm eingefallen, dass die alle, oder zumindest die meisten, heute auch etwas mit ihrer

41

Familie machen. Außerdem ist der Platz nicht mehr die große, grüne Fläche, die er im Sommer und Herbst war. Seit gestern ist es eine große – weiße Fläche. Seit der erste Schnee gefallen ist. Noch größer wirkt der Platz jetzt, weiß und weit und still. Grell und düster zugleich. Seltsam.

Das kann man einfach nicht, denkt Johnny: Still sitzen und Kerzen anstarren – wenn man doch nur an den Spielecomputer denken muss. Natürlich hat er seinen sehnlichsten Wunsch den Eltern längst mitgeteilt. Mama und Papa, beide einzeln und dann nochmal zusammen, hat er dazu bringen wollen, dass sie sich festlegen. Dass sie Ja sagen. Es ihm versprechen. Aber Papa hat bloß geantwortet: Ein Geschenk, Johnny, ist ein Geschenk und kein Versprechen. Ein doofer Satz, fand er. Das weiß doch jedes Baby, dass ein Geschenk ein Geschenk ist. Am Schluss wollen sie ihm seinen Wunsch nicht erfüllen. Aus irgendeinem Grund, den er nicht kennt. Am Schluss liegt was ganz Blödes unter dem Baum. Etwas, das nur Mama toll findet, so wie die Flöte damals. Eine andere Stimme in seinem Kopf mischt sich ein. Mama und Papa wissen schon, wie viel mir an dem Computer liegt, sagt sie. Den kann man sogar für die Schule brauchen! Aber dann ist wieder die erste Stimme dran. Eltern denken manchmal so ganz anders als Kinder, wirft sie ein. Es hilft alles nichts. Heute wird er es nicht erfahren. Und auch morgen nicht. Über zwei ganze Wochen sind es noch bis zum Heiligen Abend. So lange wird Johnny noch hin und her gerissen sein zwischen Hoffen und Bangen. Warum nur bleiben die Minuten immer dann so quälend lang, wenn man sie gar nicht brauchen kann. Johnny hasst das Warten. Er will es abkürzen. Er will die Zeit beschleunigen. Aber wie geht das bloß?

Teil 2: Die Tante im dünnen Kleid

Er hat sie nicht kommen gehört. Aber als Mareike auf einmal hinter ihm steht und ihm die noch warmen Hände erst vor die Augen und dann auf die Schultern legt, erzählt Johnny ihr seinen Frust. Erst als er damit fertig ist, sieht er, dass sie nur ein ziemlich dünnes Kleid anhat, ohne Mantel drüber. Sollen wir reingehen?, fragt er. Ach was, sagt Mareike. So schnell erfrier ich nicht. Ist aber lieb, dass du dir Gedanken machst. – Weißt du was?, fährt sie fort. Ich erzähl dir eine Geschichte, in der es um was ganz Ähnliches geht

wie bei dir. Die macht uns warm. Die spielt nämlich in der Wüste.

Und dann fängt Mareike an, Johnny von Johannes zu erzählen, von dem Johannes aus der Bibel, aus dem Neuen Testament. Aber gleich unterbricht sie der Junge: Du, das haben wir in Reli gemacht. Prima, antwortet die Tante: Dann kannst du mir ja den Anfang erzählen und ich erzähl dir nachher weiter. Okay?

Teil 3: Die Taufidee

Als Johnny fertig ist, setzt Mareike seine Geschichte fort:

Je größer und verständiger Johannes wird, umso mehr kapiert er, wie schlecht die Welt ist: Die Römer, die Besatzungsmacht, unterdrücken die Juden, das Volk, zu dem Johannes gehört. Aber vielleicht, denkt der jugendliche Johannes, haben wir es auch nicht besser verdient: Kaum einer hält wirklich die Gebote. Wird Gott in so eine Welt den Retter, den er versprochen hat, den Messias, schicken? Tagtäglich kriegt Johannes mit, wie selbst seine Nachbarn lügen und betrügen, oft nur um eines kleinen Vorteils willen. Diese Wirklichkeit scheint ganz anders zu sein als das, was ihm seine Eltern von den Wundern rund um seine Geburt erzählt haben. Diese Wunder klingen wie Märchen aus einer fernen Zeit, wie Kindergeschichten, die Johannes, dem schon ein Bart wächst, nichts mehr bedeuten. Johannes fasst einen Entschluss: Er will mit den Menschen seiner Umgebung nichts mehr zu tun haben. Er will sich nicht dazu verführen lassen, ein Mensch zu werden, der Gott und seine Gebote nicht ernst nimmt.

Und wirklich: Sobald er erwachsen ist, zieht er in die Wüste von Judäa, östlich des Unterlaufs des Flusses Jordan und nördlich vom Toten Meer. Johannes sucht sich bewusst diesen einsamen Ort aus. Er wird ein Asket.

Das klingt wie »Athlet« und ist in gewisser Hinsicht etwas Ähnliches. Ein Asket ernährt sich nur von ganz einfachen Dingen – in der Wüste sind das Heuschrecken und wilder Honig –, er kleidet sich auch ganz einfach: Johannes trägt tagein, tagaus den gleichen graubraunen Umhang aus Kamelhaar. Ein ziemlich rauer, kratziger Stoff. Ein Asket würde nie einfach so zu McDonald's gehen oder Markenklamotten anziehen. Johannes schon gar nicht: In der Wüste gibt es keinen McDonald's weit und breit und

Klamottenmarken waren vor 2000 Jahren noch nicht erfunden. Johannes haust in einer Felshöhle: ein junger Mann mit dürrem, zähem Körper, sonnenbraunem Gesicht und langem Haar.

Was entschädigt ihn für seine Entbehrungen? Ganz einfache Dinge. Der Sonnenaufgang am Wüstensaum. Das Bewusstsein: Ich tue, was ich kann, für Gott. Ich bete viele Stunden am Tag. Ich halte die Gebote. Abends sehe ich die rote Sonne hinter den Felsenbergen im Westen versinken, fühle, wie die Hitze sich in Kühle wandelt, und preise Gott für seine wunderbare Schöpfung. Hin und wieder verirrt sich ein Fremder zu ihm. Fast alle beeindruckt Johannes' Leben, das so ganz anders ist als das normale: einfacher, strenger, zielgerichteter. Johannes selbst ist zufrieden mit seinem Los. Aber manchmal denkt er auch: Nun warte ich schon Jahre lang auf den Messias – ohne Erfolg. Vielleicht sterbe ich, bevor er kommt. Dann fühlt sich Johannes einsam und traurig.

Der Fluss Jordan ist nicht sehr weit entfernt, und in den Orten dort beginnen die Menschen über diesen seltsamen Johannes zu reden. Ja, sogar bis in die ferne Hauptstadt Jerusalem dringt die Kunde von ihm. Er wird allmählich eine richtige Berühmtheit: Immer mehr Leute kommen zu ihm. Nun nicht mehr zufällig – sie suchen ihn auf. Von diesem Asketen versprechen sie sich gute Ratschläge. Er soll ihnen den Weg zeigen, den sie in ihrem Leben gehen sollen. Sie denken: Allein in der Wüste sieht Johannes klarer als wir im Gewirr und Gewusel unserer Städte und Dörfer. Er wird uns weiterhelfen. Dass Johannes keiner ist, der für jeden zackzack einen Tipp aus dem Ärmel zieht, das sehen sie nicht. Johannes ist oft irritiert von der Begeisterung, mit der die Leute ihn ansprechen. Manchmal kommt es ihm vor, als hielten sie ihn selbst für den Messias. Und dabei wartet er auf den doch genauso wie sie!

Eines Morgens – Johannes ist allein, er hat sein karges Frühstück verzehrt und tritt aus der Höhle – eines Morgens hat er wieder die weite Wüste vor sich, so ähnlich wie wir, sagt Mareike zu Johnny, den schneebedeckten Platz vor uns haben. Aber heute sieht Johannes sie mit anderen Augen. Nicht bloß eine kahle Fläche ist sie: Ein Weg scheint sich abzuzeichnen. Regelrecht eine Straße, schnurgerade Richtung Horizont. Und eine innere Stimme meldet sich in ihm. Alte Worte sagt sie, Kinderworte – denn er hat sie als Kind gelernt –, und zugleich noch ältere Worte, denn sie stammen von Propheten aus der Heiligen Schrift, die Jahrhunderte vor ihm gelebt haben: »Siehe, ich sende meinen Boten vor dir her, der deinen Weg bereiten soll.« Und: »Es ist eine Stimme eines Predigers in der Wüste: Bereitet den Weg des Herrn, macht seine Steige eben!« Was, wenn er, Johannes, dieser Bote wäre, der Wegbereiter des Messias? Dann müsste er nicht bloß warten, wer weiß wie lang. Dann spielte er eine Rolle in der großen Geschichte vom Heilwerden der Welt. Dann hätte er eine Aufgabe. Predigen müsste er. Das hat er ja manchmal schon getan. Er hat mit Menschen über ihre Probleme geredet und ihnen dann mit Worten einen neuen Weg aufzuzeigen versucht. Der Mann im Kamelhaargewand räuspert sich. Es klingt seltsam laut in der Stille. Worte allein scheinen ihm nicht kraftvoll genug.

Johannes hat eine Idee. Er will nicht nur zu den Leuten sprechen. Er will ihnen auch ein Zeichen geben. Hier in der Wüste hat er gelernt, wie kostbar Wasser ist. Es erfrischt, macht rein, spendet Leben. Johannes beschließt, die Menschen, die zu ihm kommen, im Jordan zu taufen. Beides zusammen – Predigt und Taufe –, das wird den Leuten helfen. Er wird sie auf ihre Fehler ansprechen und dazu ermahnen, es ab jetzt besser zu machen. Und er wird ihnen mit dem reinigenden Wasser der Taufe ein Zeichen geben, dass Gott ihnen ihre Schuld vergibt und sie wirklich einen neuen Anfang machen können. Jeder Getaufte ist eine Chance, dass die Welt ein Stückchen besser wird und bereiter dafür, dass der Messias endlich kommt.

Und so kommt es. Manchmal allerdings wird Johannes richtig zornig. Manche Menschen wollen zwar getauft werden. Sie wollen, dass Gott ihnen vergibt. Nur: ändern wollen sie sich nicht. Sie wollen fröhlich weiter sündigen. »Ihr Schlangenbrut«, so spricht Johannes zu diesen, »wer hat denn euch gewiss gemacht, dass ihr dem künftigen Zorn entrinnen werdet? Seht zu, bringt rechtschaffene Früchte der Buße! Jeder Baum, der nicht gute Frucht bringt, wird abgehauen und ins Feuer geworfen.«

Die Leute fragen Johannes oft, was sie denn genau tun sollen, um ein besseres Leben zu führen. Er antwortet: »Wer zwei Hemden hat, der gebe dem, der keines hat. Und wer zu essen hat, tue ebenso.« Den Angehörigen mancher Berufe redet Johannes besonders ins Gewissen. Zu den Zolleinnehmern sagt er: »Fordert nicht mehr, als euch vorgeschrieben ist!« Und zu den Soldaten: »Tut niemandem Gewalt oder Unrecht und lasst euch genügen an eurem Sold!«

Wenn er das Gefühl hat, die Menschen im Herzen angesprochen zu haben, dann watet Johannes mit ihnen in den Fluss. Er spricht die Taufworte und taucht sie mit dem Kopf ganz unter.

– Ganz unter?, fragt Johnny: Wieso?

Das ist ein Symbol für die Reinigung, erklärt Mareike. Wir heute haben dieses Zeichen kleiner gemacht, da sind es nur noch ein paar Tropfen Wasser, die das Baby auf den Kopf bekommt. Aber es bedeutet dasselbe. Du bist auch so getauft worden. Ich kann mich noch gut daran erinnern. Ich nicht, sagt Johnny. Beide lachen.

Mittlerweile ist es ganz dunkel geworden. Mareike reibt sich die klammen Hände. Der Schnee glitzert bläulich im Licht der Laternen. Sie sieht den Jungen an: Nicht nur, weil ihr beide wartet, du auf Weihnachten und Johannes auf den Messias – es gibt noch einen anderen Grund, warum mir gerade diese Geschichte eingefallen ist. Weißt du, welcher? – Nee. – Ihr tragt den gleichen Namen. Bloß ist es bei dir die englische Form. Johannes und Johnny, beides bedeutet:

Gott ist gnädig. Schön, gell? Und jetzt gehen wir aber rein! Ich bin ganz durchgefroren!

Der Johannes hat aber nicht so warten müssen wie ich, sagt Johnny auf dem Weg. Wieso?, fragt Mareike. Bei dir sind es nur ein paar Wochen – bei ihm waren es Jahre! Ja, aber dann hat er was tun können, erwidert der Junge. Dann hat er eine Idee gehabt. Du kannst auch ein Idee haben, Johnny. Die Adventszeit ist ja nicht nur eine Rumsitzzeit, so wie Weihnachten auch nicht bloß ein Geschenkekriegfest ist. Weihnachten heißt: Der Messias kommt auf die Welt. Von daher sind wir eigentlich in der gleichen Lage wie die Menschen damals. Auch wir warten nicht nur auf einen Spielecomputer. Wir warten auf den Messias. Und auch wir können uns gut auf sein Kommen vorbereiten, zum Beispiel, indem wir das tun, was Johannes den Menschen rät. Das mit den Hemden meinst du?, fragt Johnny: Und das mit dem Hungern? Genau, sagt Mareike und tritt sich die Schuhe ab. Weißt du was? Komm doch einfach an einem Nachmittag mit mir in die Vesperkirche. Dann kannst du mir helfen, Brote zu schmieren.

Helfen macht Freude, sagt Johnny vor sich hin. Ja, und beim Helfen helfen macht vielleicht doppelt Freude, ergänzt Mareike. Probier's doch mal aus. Ich sag dir, wenn du was Spannendes zu tun hast, geht die Zeit viel schneller rum.

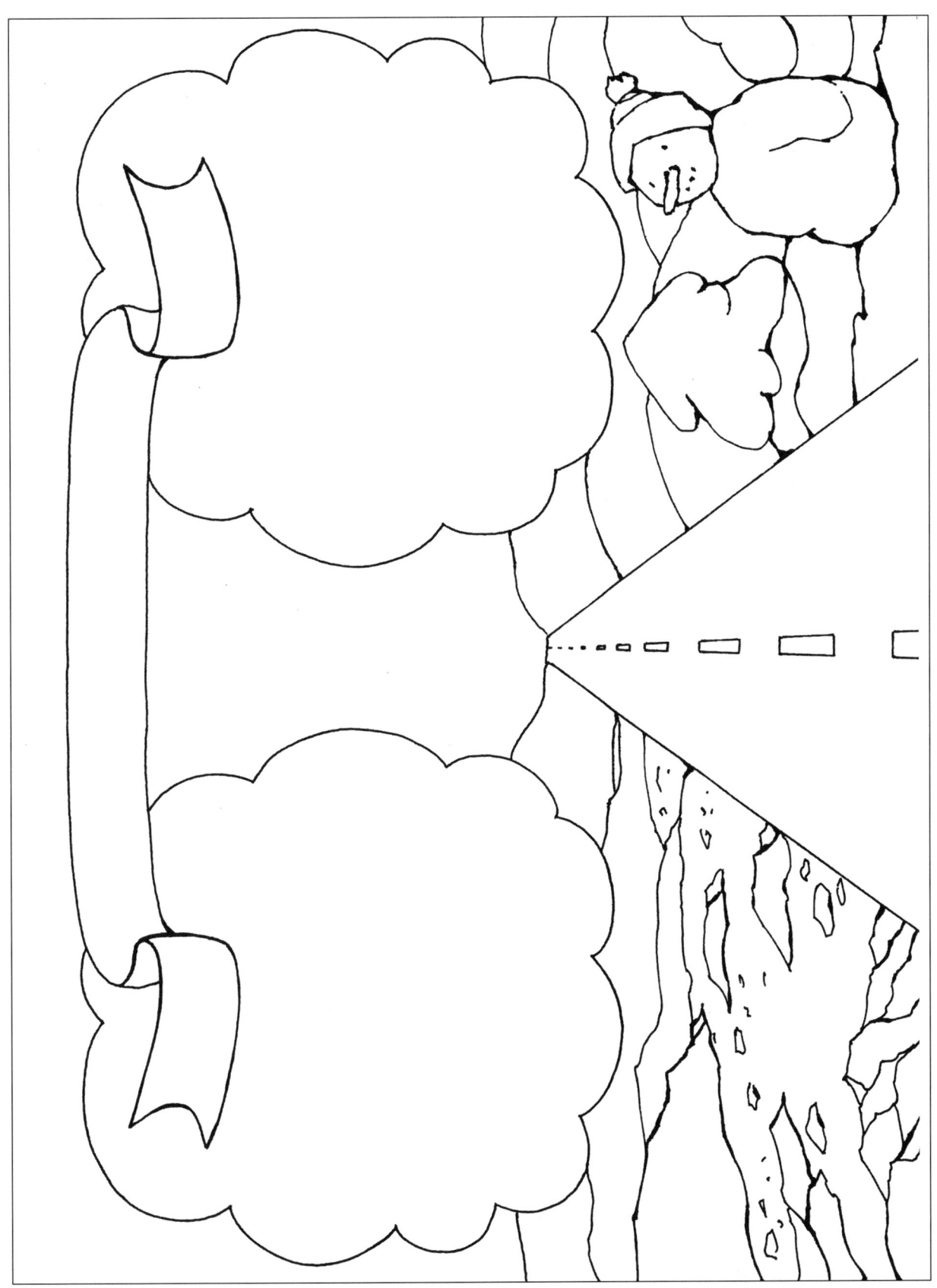

Johannes wird bald ein berühmter Mann. Alle nennen ihn nun ›Johannes den Täufer‹ – ein Ehrenname. Er selbst fühlt sich aber manchmal gar nicht so toll. Eines Abends – die meisten seiner Anhänger haben sich schon schlafen gelegt – sitzt er noch mit seinem Freund Jonathan zusammen an der Feuerstelle. Johannes starrt in die nur noch schwach glimmende Glut. Plötzlich sagt er: Ich weiß nicht, Jonathan. An jenem Morgen in der Wüste, als ich die Stimme in mir hörte, da war ich so hoffnungsvoll. Ich war mir absolut sicher, dass Gott selbst zu mir gesprochen hatte. Und auch als ich anfing durch die Dörfer und Städte zu ziehen und im Jordan zu taufen – auch da spürte ich eine ungeheure Kraft in mir: Kraft, die Menschen zu ermahnen, aber auch Kraft, sie zu ermutigen. Jedenfalls eine Kraft, die denen, die zu mir kamen, einen Schub zu geben vermochte. Bei manchen war das ein ganz schöner Schub … Johannes lacht ein wenig, doch froh klingt es nicht. Dann schaut er Jonathan von der Seite an, sieht, wie sich ein rotes Lichtpünktchen im Auge des Freundes spiegelt. Es ist gut, dass ich mit meinen Zweifeln nicht allein bin, denkt er. Gewiss, ich habe viele getauft, fährt Johannes zu reden fort: Aber alle, alle werde ich nie taufen können. Ich habe mir einen Namen gemacht. Aber geht es um mich? Die Leute denken schon, ich selbst wäre der Messias! Und dabei bin ich nur ein kleiner Helfer. Weißt du, was ich manchmal denke, Jonathan? Unser ganzes Volk zusammengenommen hat zu viele Sünden auf sich geladen, als dass Gott uns noch gnädig sein könnte. Vielleicht ist das der Grund, warum der Messias nicht kommt. Ich weiß, man soll an der Gnade Gottes nicht zweifeln. Aber manchmal tue ich es doch.

Lange hat Jonathan geschwiegen. Nun hebt er, langsam und bedächtig, zu sprechen an. Gott ist mächtig, sagt er. Denk an seine himmlischen Heerscharen. Gott kann alle Mächtigen der Welt bezwingen, wenn er will. – Außerdem … Jonathan macht eine Pause und sieht zu Johannes hin: Du kennst die Heilige Schrift. Im Buch des Propheten Jesaja steht: »In der Wüste ruft einer: Macht den Weg bereit, auf dem der Herr kommt! Baut ihm eine gute Straße! Füllt alle Täler auf, ebnet Berge und Hügel ein, beseitigt die Windungen und räumt die Hindernisse aus dem Weg. Dann werden alle Menschen sehen, wie Gott die Rettung bringt.« Weißt du, was ich glaube? Ich glaube, dieser Rufer in der Wüste, dieser Wegbereiter – das bist du, Johannes. Niemand anders als du. – Johannes sieht Jonathan an. Die Augen des Freundes leuchten. Ich bete zu Gott, dass es so sein möge, sagt der Täufer.

Ein paar Tage später, gegen Abend, kommt ein Mann um die dreißig zum Jordan: schlank, bärtig, gekleidet mit einem einfachen hellen Gewand. Er sieht aus wie viele der Anhänger von Johannes, die um ihn sind und ihn predigen hören wollen. Vielleicht liegt es daran, dass dieser Mann ihm irgendwie bekannt vorkommt, doch er kann nicht sagen, woher. Wie heißt du?, fragt er ihn. Jesus, antwortet der Mann: Jesus von Nazareth, der Sohn des Josefs und der Maria.

Es ist die letzte Taufe an diesem Tag. Sie waten an einer seichten Stelle in den Fluss. Johannes, der sich zuvor überzeugt hat, dass der Täufling es ernst meint, taucht Jesus unter. Jesus geht zurück an Land, um Gott im Gebet zu danken für seine Gnade. Johannes sieht ihn niederknien vor der Kulisse der kargen Berghänge, deren Höhenkamm scharf gegen das orangerote Abendlicht steht. In dieser Richtung, im Westen, da liegt auch Jerusalem, die Hauptstadt mit dem Tempel. Die Sonnenscheibe selbst ist hinter ein paar Wolken verborgen.

Ganz still ist die Gestalt des Neugetauften, ganz versunken ins Gebet. Was jetzt, auf einmal, geschieht – das schaut Jesus nicht mit Augen. Johannes aber sieht alles genau: Die Wolken reißen auf, aber nicht wie von einem zufälligen Wind, sondern als ob eine gigantische Hand sie aufschlüge wie die Flügel eines Tors. Ein Sonnenstrahl gleißt hindurch, hinab auf die Erde, und taucht den Beter in goldenes Licht. Im Himmel erscheint eine Taube – nicht groß, aber rein und weiß wie frischer Schnee – und fliegt zu Jesus herab. Und eine mächtige Stimme erfüllt währenddessen das ganze Land, wie von nah und fern zugleich tönt sie: »Du bist mein Sohn, dir gilt meine Liebe, dich habe ich erwählt.«

Johannes ist sprachlos. Mit offenem Mund steht er da; nicht mehr spürt er das Wasser um seine Beine. Kann das sein? Aber er hat es mit eigenen Augen gesehen! Und wenn … wenn das kein Spuk ist, keine Fata Morgana – er hat es ja auch gehört, den mächtigen Klang, der die ganze Luft zum Schwingen brachte, wenn das stimmt ... dann heißt das, dass er soeben Gottes Sohn begegnet ist, ja mehr noch, dass er Gottes Sohn getauft hat! Er lacht übers ganze Gesicht; Begeisterung und großes Glück breiten sich in ihm aus. Das kann keine Täuschung sein: So kann nur Gott sprechen, donnernd und flüsternd zugleich. Gott hat gesagt, dass er der Vater dieses Jesus sein will. Gott hat gesagt, dass er ihn liebt. Und was kann das anderes bedeuten, als dass dieser Mann, der immer noch da kniet, der versprochene, der erwartete, der ersehnte Messias ist?

Wie ein Echo von tief innen antwortet ein anderes Vaterwort in Johannes auf das, was er eben vernommen hat: »Und du, mein Sohn – ein Prophet des Höchsten wirst du sein, weil du dem Herrn vorausgehen wirst, um den Weg für ihn zu bahnen.« Das hat sein Vater Zacharias gesagt, als er noch ein Säugling war. Manches Mal hat es ihm die Mutter erzählt. Wie konnte er es so lange vergessen? Wie konnte er so an sich, an der Welt, ja an Gott zweifeln? Auf einmal ist sie wieder da, die Verheißung seines Vaters, kraftvoller denn je, nun da der Messias, der Retter der Welt, ein Gesicht bekommen hat.

Nach Sonnenuntergang sitzt Johannes mit Jonathan zusammen. Die Nacht ist dunkel, natürlich, genauso wie vor ein paar Tagen. Aber in ihnen ist es heute hell. Begeistert reden sie: Wie wird es weitergehen? Was wird Jesus als Messias tun? Vielleicht wird er schon morgen losschlagen ... Und was wird ihre Aufgabe sein? Eins ist klar: Ihr Leben wird sich ändern ...

M 15   Wüstenbild

Johannes und Jonathan stehen etwas ratlos da, während Jesus schon ein fernes Pünktchen am Horizont ist. Da tritt ein alter Hirte an die beiden heran: Wer ist das denn, dem ihr so lange nachschaut? – Hast du das noch nicht gehört?, sagt Jonathan fast vorwurfsvoll: Jesus ist das! Der Messias! In meinem Alter hört man nicht mehr so gut, sagt der Hirte. – Aber das ist ein ganz wichtiger Mann, vielleicht der wichtigste in der ganzen Weltgeschichte, fährt Johannes eifrig fort: Jesus von Nazareth, der Sohn des Josef und der Maria. Ich habe selbst gesehen, wie Gottes Geist auf ihn herabkam. Mit eigenen Augen. Ich habe ihn nämlich getauft. Gestern erst. Und heute Nacht – der Täufer wendet sich Jonathan zu, mit ihm hat er ja am Vorabend lange über den neuen Messias geredet – heute Nacht ist mir eingefallen, dass mir als Kind meine Eltern noch etwas Wunderbares erzählt haben über Jesus. Direkt nach seiner Geburt kamen drei weise Sterndeuter aus dem Osten nach Judäa. Ein Stern hatte sie hergeführt. Diese berühmten Herren, so prunkvoll gekleidet, dass man sie für Könige halten mochte, warfen sich vor dem kleinen Kind nieder und beschenkten es mit Gold, Weihrauch und Myrrhe. Ja, habe ich heute Nacht auf meinem Lager gedacht: das passt! Diese weisen Männer müssen schon damals, vor ungefähr dreißig Jahren, gewusst haben, dass Jesus einmal der Messias sein wird und haben ihn deshalb schon als Säugling wie einen König behandelt!

Johannes hat sich in Begeisterung geredet. Aber nun unterbricht er sich selbst und schaut wieder in die öde, karge Landschaft, wo die Wüste beginnt und wo Jesus mittlerweile ganz aus dem Blickfeld verschwunden ist. Ja ..., setzt er an. Und jetzt? Jetzt verlässt er uns einfach so, ohne Erklärung, und geht in die Wüste. Ohne Reittier, ohne Diener, ohne Königsmantel, ohne

Heer! – Ohne Heer, echot Jonathan: Nicht einmal ein Schwert hat er. Gestern Abend hat sich alles so schön ineinander gefügt. Und heute Nacht erst, fügt Johannes hinzu. Aber jetzt ... welchen Sinn hat das jetzt?

Eine Weile starren alle drei Männer in die Weite, als hofften sie, dort eine Antwort zu finden. Aber die Wüste liegt stumm da, und auch der Himmel tut sich an diesem Morgen nicht auf. Keine strahlende Offenbarung, keine mächtige Gottesstimme, die alles erklärt. Der alte Hirte ist es schließlich, der das Schweigen bricht. In seinem Alter brauchen die Menschen mitunter etwas länger, um einen Gedanken zu fassen. Aber dafür denken sie manchmal auch gründlicher. Das ist schon merkwürdig, sagt er: Dass er einfach so weggeht, der Messias. Einfach so ... Wie, sagst du, nennt sich dieser Mann? Der Hirte wendet sich an Johannes. Jesus von Nazareth, antwortet der: der Sohn des Josef und der Maria. – Jesus, Sohn des Josef und der Maria, spricht der Greis vor sich hin. Er schaut zum Horizont und seine gebeugte Gestalt richtet sich etwas auf. Ich bin ein alter Mann, sagt er langsam, und ich vergesse viel. Aber manchmal, manchmal kommt mir auch plötzlich etwas wieder. – Ich habe diesen Jesus, den Sohn des Josef und der Maria, schon einmal gesehen. Da war er gerade geboren. Noch vor diesen Weisen, von denen du erzählt hast, Johannes, habe ich Jesus gesehen. In einer Futterkrippe! Er lacht zahnlos. Fast hätte ich die Geschichte vergessen. Vielleicht weil es eine ganz einfache Geschichte war, eine zu einfache Geschichte fast. Aber jetzt ist sie mir wieder eingefallen. Und wenn man es recht überlegt, ist es andererseits auch eine sehr merkwürdige Geschichte. Würdig, dass wir sie uns merken. Ich werde sie euch erzählen.

»Es begab sich aber zu der Zeit, dass ein Gebot von dem Kaiser _____ ausging, dass alle Welt geschätzt würde. Und diese Schätzung war die allererste und geschah zur Zeit, da Quirinius Statthalter in Syrien war. Und jedermann fuhr mit dem Auto, dass er sich schätzen ließe, ein jeder in seine Stadt.

Da machte sich auf auch Josef aus Galiläa, aus der Stadt Nazareth, in das jüdische Land zur Stadt Davids, die da heißt Berlin, weil er aus dem Hause und Geschlechte Davids war, damit er sich schätzen ließe mit _____, seinem vertrauten Weibe, die war schwanger.

Und als sie dort waren, kam die Zeit, dass sie gebären sollte. Und sie gebar ihren dritten oder vierten Sohn und wickelte ihn in Windeln und legte ihn in eine _____, denn sie hatten sonst keinen Raum in der Herberge.

Und es waren Hirten in derselben Gegend auf dem Felde bei den Hürden, die hüteten des Nachts ihre Herde. Und der Engel des Herrn trat zu ihnen, und die Klarheit des Herrn leuchtete um sie; und sie fürchteten sich sehr.

Und der Engel sprach zu ihnen: Freut euch nicht zu früh! Siehe, ich verkündige euch große Freude, die allem Volk widerfahren wird; denn euch ist heute der Heiland geboren, welcher ist Christus (das bedeutet: der Messias), der Herr, in der Stadt Davids. Und das habt zum Zeichen: ihr werdet finden das Rind in Windeln gewickelt und in einer Krippe liegen. Und alsbald war da bei dem Engel die Menge der himmlischen Heerscharen, die lobten Gott und sprachen: _____ sei Gott in der Höhe und Friede auf Erden bei den Menschen seines Wohlgefallens.

Und als die Engel von ihnen gen Mallorca fuhren, sprachen die Hirten untereinander: Lasst uns nun gehen nach Bethlehem und die Geschichte sehen, die da geschehen ist, die uns der Herr kundgetan hat. Und sie kamen eilend und fanden beide, Maria und Joseph, dazu das Kind in der Krippe liegen.«

Dem alten Hirten sind beim Erzählen der Weihnachtsgeschichte (Lk 2,1–16) ein paar Fehler unterlaufen. Verbessere sie und fülle die Lücken aus.

- ✄

Lösungen:

»Es begab sich aber zu der Zeit, dass ein Gebot von dem Kaiser *Augustus* ausging, dass alle Welt geschätzt würde. Und diese Schätzung war die allererste und geschah zur Zeit, da Quirinius Statthalter in Syrien war. Und jedermann ~~fuhr mit dem Auto~~ dass er sich schätzen ließe, ein jeder in seine Stadt.

Da machte sich auf auch Josef aus Galiläa, aus der Stadt Nazareth, in das jüdische Land zur Stadt Davids, die da heißt ~~Berlin~~, weil er aus dem Hause und Geschlechte Davids war, damit er sich schätzen ließe mit *Maria*, seinem vertrauten Weibe, die war schwanger.

Und als sie dort waren, kam die Zeit, dass sie gebären sollte. Und sie gebar ihren ~~dritten oder vierten~~ Sohn und wickelte ihn in Windeln und legte ihn in eine *Krippe*, denn sie hatten sonst keinen Raum in der Herberge.

Und es waren Hirten in derselben Gegend auf dem Felde bei den Hürden, die hüteten des Nachts ihre Herde. Und der Engel des Herrn trat zu ihnen, und die Klarheit des Herrn leuchtete um sie; und sie fürchteten sich sehr.

Und der Engel sprach zu ihnen: ~~Freut euch nicht zu früh!~~ Siehe, ich verkündige euch große Freude, die allem Volk widerfahren wird; denn euch ist heute der Heiland geboren, welcher ist Christus (das bedeutet: der Messias), der Herr, in der Stadt Davids. Und das habt zum Zeichen: ihr werdet finden das ~~Rind~~ in Windeln gewickelt und in einer Krippe liegen. Und alsbald war da bei dem Engel die Menge der himmlischen Heerscharen, die lobten Gott und sprachen: *Ehre* sei Gott in der Höhe und Friede auf Erden bei den Menschen seines Wohlgefallens.

Und als die Engel von ihnen gen ~~Mallorca~~ fuhren, sprachen die Hirten untereinander: Lasst uns nun gehen nach Bethlehem und die Geschichte sehen, die da geschehen ist, die uns der Herr kundgetan hat. Und sie kamen eilend und fanden beide, Maria und Josef, dazu das Kind in der Krippe liegen.«

Foto © Mauritius

Teil 1

Johannes ist im Volk deshalb so beliebt, weil er sich traut laut zu sagen, was nicht in Ordnung ist. Aber damit hat er sich auch einen mächtigen Feind geschaffen: den König Herodes. Herodes hat nämlich mit Herodias, der Frau seines Bruders, eine Affäre gehabt und sie dann selbst geheiratet.

Und Johannes hat in seinen Predigten vor vielen Zuhörern immer wieder gesagt, was alle denken: dass Herodes Ehebruch von der übelsten Sorte begangen hat. Und er hat Herodes aufgerufen umzukehren, Buße zu tun und Herodias zu verlassen. Das gefiel Herodes natürlich gar nicht. Deshalb ließ er Johannes holen und ins Gefängnis werfen. Seine neue Frau Herodias forderte sogar, Johannes hinzurichten, doch Herodes zögert noch. Schließlich lieben die Menschen Johannes.

Johannes sitzt in seiner engen Zelle auf dem Boden. Ein Fenster hat die Zelle nicht, nur durch einen Spalt zwischen Mauer und Tür dringt etwas Licht hinein. Seit Wochen ist Johannes nun in diesem finsteren Loch eingesperrt. Er ist nahe daran, zu verzweifeln, da sieht er zum ersten Mal seit Wochen jemand anderen als den Wächter: Seine besten Freunde Jonathan und Samuel, seine Begleiter am Jordan, haben es irgendwie geschafft, sich Zugang zu seinem Kerker zu verschaffen. Der Wächter steht misstrauisch vor der Tür, während die beiden Freunde mit Tränen in den Augen ihren Freund und Lehrer Johannes geduckt in dem niedrigen Kerker in die Arme schließen.

Johannes hat viele Fragen. Er hat seit Monaten nichts mehr von der Außenwelt mitbekommen. Aber eines ist wichtiger als alles andere: Er muss einfach wissen, ob dieser Jesus wirklich der Messias ist, auf den er und ganz Israel so sehnsüchtig warten.

Nun erzählt Samuel von Jesus:

Jesus trinkt Wein, er feiert und tanzt. Er isst gern und viel. Er ist keiner, der auf alles, was die Welt ihm bietet, verzichtet. »Ich habe ihn gefragt, warum er nicht fastet, wie wir das tun«, erzählt Samuel. »Er hat gesagt, man faste bei einer Hochzeitsfeier nicht, solange der Bräutigam da sei.«

Johannes wiegt nachdenklich den Kopf. »Erzähl' weiter.«

Samuel fährt fort: »Das Schlimmste habe ich dir noch gar nicht erzählt. Stell dir vor – Jesus hat mit einem Zöllner gespeist. Er hat sich bei ihm eingeladen und sich nicht geschämt. Mit Zöllnern den Tisch zu teilen, das ist Verrat. Die Zöllner arbeiten mit den Römern zusammen. Sie beuten die Juden aus – und sind doch selbst Juden. Wie kann Jesus mit diesen Verrätern essen? Er sollte sich von ihnen abwenden, ihnen die kalte Schulter zeigen.«

Johannes zuckt unter den Worten seines Freundes zusammen. Einer, der mit den Zöllnern speist, kann doch nicht der Messias sein. Aber was ist er dann? Wenn sein eigenes Leben einen Sinn hatte, dann war es der, den Messias anzukündigen. Johannes war der Prediger in der Wüste gewesen, der dazu aufrief, den Weg frei zu machen für den Messias. Dieser ist die Hoffnung, auf die er alles gesetzt hatte.

Johannes muss wissen, ob Jesus dieser Messias ist. Sollte er hier in dieser finsteren Zelle nicht Gewissheit darüber erlangen, so wird er in der Verzweiflung im Finsteren sterben. Er schaut Samuel und Jonathan an. Dann sagt er: Geht zu Jesus und fragt ihn Folgendes: »Bist du es, der da kommen soll, oder sollen wir auf einen andern warten?«

Nachdem die Freunde gegangen sind, sitzt er im Dunkeln seiner Zelle und denkt verzweifelt nach. Eine riesengroße Frage türmt sich vor ihm auf.

Teil 2

Der Besuch von Jonathan und Samuel liegt nun schon einige Wochen zurück. In der Zelle ist Johannes allein mit sich selbst, mit seinen Gedanken. Zweifel zernagen seine Erinnerung. Tagelang hat er über die Frage nachgedacht, ob Jesus der Messias ist, wenn er doch mit den Zöllnern gemeinsame Sache macht. In der Dunkelheit des Zweifels verliert er jeden Halt. Er ist nicht mehr in der Lage, klar zu denken. In der Dunkelheit verliert er langsam aber sicher seine Erinnerung. Mit der Erinnerung schwindet die Hoffnung. Wie erkaltende Glut erlischt die Erinnerung in Johannes.

Johannes weiß, dass er in der Finsternis seiner eingesperrten Seele versinken und Gottes Nähe verlieren wird, wenn er sich nicht an das Tageslicht erinnert. Draußen, außerhalb der Festung des Königs Herodes, in der er gefangen gehalten wird, taucht die Sonne die Wüste in gleißendes Licht. Die Wüste ist sein Freund, doch das Licht ist weit weg. Das Dunkel der Zelle legt sich über seine Gedanken wie ein schwerer Teppich.

Wenn er nun nicht gänzlich verzweifeln will, so muss er sich erinnern. Er muss sich erinnern an alles, was er erlebt hat.

Johannes versucht seine Gedanken zu ordnen. Wie ein Detektiv will er sich auf die Spuren seiner Erinnerungen machen. Er fühlt, dass in ihnen etwas verborgen ist, das ihn retten kann. Doch die vier Wände scheinen ihn zu erdrücken. Er muss diese Wände verwandeln, wenn er aus seinem inneren Gefängnis ausbrechen will. Angestrengt denkt Johannes nach. Er spürt, dass all seine Hoffnung an einem seidenen Faden hängt und dass er in den tiefen Sumpf der Vergessenheit stürzt, wenn er sich jetzt nicht erinnert.

Er muss schreiben, will er die Erinnerung festhalten. Aber er hat keinen Papyrus, kein Pergament, keine Wachstafel. Er hat auch keine Feder. Er kann nicht schreiben. Enttäuscht und verzweifelt sinkt Johannes in sich zusammen. Eine tiefe Finsternis steigt in ihm auf und würgt ihn. Seine Kraft weicht aus ihm und hoffnungslos sinkt er zu Boden auf seinen Mantel aus Kamelhaar, der in der Zelle sein Bett ist. Er streckt sich auf der Decke aus und beginnt zu weinen.

Da kommt ihm inmitten der Tränen ein genialer Einfall. Ja – das müsste gehen. Johannes richtet sich auf. Er springt auf. Ist nicht vor kurzem dem Soldat ein Tonkrug zu Boden gefallen? Irgendwo müssen noch kleine Scherben des Kruges liegen. Wenn er eine solche Scherbe findet, dann kann er die Wände zu Erinnerungen machen, dann kann er auf ihnen schreiben wie auf Papyrus. Ganz einfach. So kann er die Erinnerungen entwirren wie ein Detektiv.

Schon beim ersten Bücken findet er eine Scherbe. Er betrachtet sie, als sei sie ein kostbarer Edelstein. Dann beginnt er, sich genau zu überlegen, wie er vorgehen will. Er hat vier Wände. Was sind die wichtigsten Erinnerungen, denen er nachgehen will? Er will zunächst einmal die Bereiche festlegen, wie Überschriften, für jede Wand eine.

Teil 3

Ja – seine Eltern, Zacharias und Elisabeth – da ist irgendetwas in seiner Erinnerung, was wie ein Licht aus seiner Kindheit strahlt. Er schreibt an die Wand:

»Meine Mutter Elisabeth und mein Vater Zacharias«.

Die zweite Wand: Was war denn noch wichtig? Er überlegt. Israel, geht es ihm durch den Kopf. Sein ganzes Leben ist mit der Geschichte und der Situation dieses Volkes verbunden. Was geschieht in Israel? Er schreibt an die zweite Wand:

»Die Situation in Israel«.

Johannes betrachtet die beiden Wände zufrieden. Er spürt schon einige Erinnerungen an seine Kindheit, an seine Eltern in sich aufsteigen, seine Gedanken schweifen ab zu den Menschen Israels, zu den einfachen Menschen auf dem Land, die … nein, bevor er diese Erinnerungen aufsteigen lässt, muss er weitermachen, muss weitere Bereiche eingrenzen. Denn er spürt, dass das noch nicht alles ist.

Die dritte Wand. Natürlich! – Der Jordan. Er schreibt an die dritte Wand:

»Am Jordan«.

Er spürt, dass das sehr glückliche Erinnerungen sein werden, die er an diese Wand schreiben darf. Am liebsten würde er schon loslegen.

Aber da ist noch die vierte Wand. Sie starrt ihn leer und grau an. Die Steine sind glatt und kalt. Was kann diese kalte Wand erwärmen? Johannes weiß nicht weiter. Er steht vor der Wand und starrt sie an. Und da geschieht es, dass er auf der Wand für den Bruchteil einer Sekunde das tief zerfurchte Gesicht eines uralten Mannes zu sehen glaubt. Da weiß er, was er auf die Wand schreiben wird. Er schreibt:

»Die Erzählung des alten Hirten«.

Teil 1

Johannes ahnt ein Muster in seiner Erinnerung, und spürt, dass darin eine Erkenntnis liegt – die Lösung aller Fragen, die ihn quälen. Er nimmt die Scherbe fest in die Hände und malt eine Linie an die Wand. Er malt das an die Wand, was ihn daran zweifeln lässt, dass Jesus der Messias ist.

Tafelanschrieb

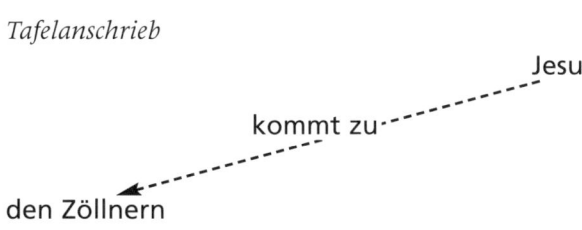

Wie kann einer, der der Messias (also der Erlöser Israels) sein soll, sich mit den Verrätern Israels abgeben? Schließlich arbeiten die Zöllner mit den Römern zusammen und nehmen keine Rücksicht auf die Armen. Sie betrügen ganz offen, fordern höheren Zoll als sie dürfen und werden an diesem Verrat auch noch reich. Dass Jesus sich mit denen abgibt, ist schon unglaublich. Johannes überlegt, ob sein ganzes Überlegen überhaupt einen Sinn hat. So einer kann doch nicht der Messias sein. Er ist nahe daran, aufzugeben. Es ist eigentlich nur sein Trotz gegenüber dieser niederschmetternden Erkenntnis, die ihn weitermachen lässt.

Er schaut an, was er gezeichnet hat. Dann sieht er sich um, und betrachtet seine Schriftzeichen auf den Wänden. Er malt einfach drauf los:

Ja – der Engel, der zu Zacharias kommt und ihm ein Kind verspricht – das Kind war er selbst.

Und da gibt es ja noch die andere Geschichte, in der der Engel Gottes der Maria erscheint.

Maria erfährt von der bevorstehenden Geburt Jesu. Hm – Maria – er malt weiter:

Wie oft hatte Elisabeth ihm erzählt, dass er in ihrem Bauch vor Freude gehüpft sei, als die mit Jesus schwangere Maria Elisabeth besuchte. Da gibt es doch noch eine Engelsgeschichte, welche war das bloß? Johannes steht grübelnd vor der Wand. Aber natürlich: die Geschichte des alten Hirten. Johannes gerät nun in Fahrt. Es scheint sich alles in einer einfachen Formel aufzulösen. Jemand höher Gestelltes kommt zu einem Niedrigeren. Er macht begeistert weiter.

Er tritt einen Schritt zurück und betrachtet sein Werk. Noch weiß er nicht, ob diese Gedanken irgendwohin führen.

Dann kommt ihm eine Idee: Auch Israel mit seiner Hoffnung passt in dieses Muster:

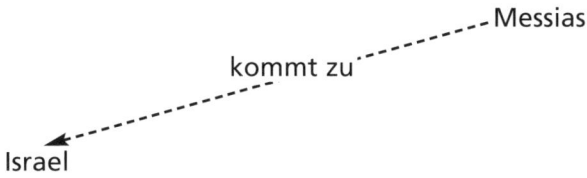

Wieder tritt Johannes zurück und betrachtet sein Werk.

Der Hirte hat erzählt, was einer der Engel gesagt hatte: »Fürchtet euch nicht, denn siehe, ich verkündige euch große Freude. Denn euch ist heute der Heiland geboren, welcher ist der Messias, der Herr in der Stadt Davids. Und das habt zum Zeichen: Ihr werdet finden ein Kind in Windeln gewickelt und in einer Krippe liegen.«

Johannes betrachtet, was er an die Wand gemalt hat. Noch immer will er die Zusammenhänge nicht begreifen.

Da hört er auf einmal in seinem Inneren eine sanfte Stimme. Er lauscht der Melodie. Das Lied, das er hört, ist das Lied, das Maria gesungen hatte, als Elisabeth ihr mit dem hüpfenden Johannes im Bauch begegnet war. Elisabeth hatte es bewahrt und Johannes immer und immer wieder vorgesungen. Nun kehrt es zu Johannes zurück. Er erinnert sich an den Text des Liedes. Wie ein Refrain, ganz eindringlich ist ihm eine herausragende Textstelle des Liedes.

Mit einem Mal ist es Johannes, als zerreiße ein Vorhang vor seinen Augen, der seinen klaren Blick verstellt hatte. All seine dunklen Gedanken, seine ganze Verzweiflung fallen von ihm ab. Woran er sich erinnert, ist folgende Textstelle:

»*Gott erhebt die Niedrigen.*«

Da beginnt er endlich zu verstehen: Der Messias ist von Anfang an auf der Seite der Armen, der Verachteten und Ausgestoßenen. Nun dämmert es Johannes: Schließlich sind die Zöllner verachtet wie sonst keiner in Israel. Und Gott kommt auch zu ihnen. Deshalb isst Jesus mit Sündern und Zöllnern. Er ist wie Gott und kommt zu den Niedrigen und erhebt sie.

Und auch die Frage, weshalb Jesus nicht in Pracht geboren ist wie ein Königssohn, sondern in der Futterkrippe zur Welt kommt, ist ihm nun völlig klar:

Gott kommt zu den Niedrigen, nicht zu den Königen. Wie Gott kommt Jesus zu den Niedrigen, er wird sogar selbst zu einem Niedrigen. Da begreift er: Jesus ist wie Gott. Mehr kann man von einem Messias wirklich nicht erwarten.

Der Messias aus der Futterkrippe ist der Messias, auf den Israel wartet – nur eben ganz anders. So einfach ist das. Und so wunderbar. Gott begegnet den Menschen, er macht den ersten Schritt. Der Höchste kommt zum Niedrigen und erhebt diesen, reicht ihm die Hand und hilft ihm hoch: Deshalb isst Jesus mit den Zöllnern, deshalb rettet er die Ehebrecherin vor

der Steinigung, deshalb heilt er die Blinden, Lahmen, Tauben und Aussätzigen. Es ist so einfach und doch war es so schwer gewesen, dies zu begreifen.

Nun begreift er auch, weshalb er selbst Jesus taufen sollte: Er war doch derjenige, der die Ankunft des Messias verkündigt hatte. Und der Messias kommt zu ihm – aber nicht als König, sondern in Niedrigkeit, wie schon zu Anfang in der Futterkrippe. Deshalb lässt er sich auch von ihm taufen. Nun ist alles glasklar.

Er beginnt zu tanzen vor Freude, wie er damals im Bauch seiner Mutter getanzt hatte, als er Jesus begegnet war. Wie ein kleines Kind freut sich Johannes, er singt: Jesus ist der Messias, er ist von Gott zu uns in unsere Verzweiflung hinab gesandt, um uns zu erlösen.

Die beiden Freunde stehen in der Tür, hinter ihnen der Wächter, alle drei bekommen den Mund kaum zu, als sie Johannes hüpfend und tanzend vor voll gekritzelten Zellenwänden sehen. Johannes schließt die beiden Freunde in die Arme und sagt zu ihnen: Ihr braucht mir gar nichts mehr zu sagen – ich weiß es bereits: Er ist der Messias. Die beiden Freunde schauen sich ratlos an. Johannes fragt: Was schaut ihr so? Hat Jesus etwa etwas anderes gesagt? Samuel fängt zögernd an zu sprechen: Ich weiß auch nicht. Er hat einfach nur gesagt: »Blinde sehen und Lahme gehen, Aussätzige werden rein und Taube hören, Tote stehen auf, und Armen wird das Evangelium gepredigt.« Johannes lacht laut auf und strahlt über beide Ohren: Aber versteht ihr das denn nicht? Jonathan und Samuel schütteln den Kopf. Johannes erklärt mit ruhiger, leichter Stimme: Unser Prophet Jesaja hat das gesagt. Er hat jubelnd erzählt von dem Tag, an dem Israel von Gott befreit wird. Er hat gejubelt: »Dann werden die Augen der Blinden geöffnet, auch die Ohren der Tauben sind wieder offen. Dann springt der Lahme wie ein Hirsch, die Zunge des Stummen jauchzt auf.« Das bedeutet die Botschaft: Jesus ist der Messias, der kommt uns zu erlösen. Versteht ihr nicht: Die Heilungen, von denen ihr erzählt habt: Stumme sprechen, Lahme gehen, Taube hören. Er ist es. Ich wusste es.

Noch während Johannes voller Freude in der Zelle tanzt, öffnet sich die Tür. Zwei Wächter stehen da und schauen Johannes finster an. Johannes wird still. Er ahnt, was nun kommt. Dass Jonathan und Samuel ängstlich im Raum stehen und zusehen, stört die Soldaten nicht. Sie schlagen Johannes mit der Faust ins Gesicht und treten ihn in den Bauch. Die beiden Freunde fahren entsetzt zusammen. Dann packen die Soldaten Johannes, der in sich zusammen gesackt ist, brutal unter den Armen und schleppen ihn aus der Zelle. Johannes wirft den Freunden einen letzten Blick zu. In dem Blick sehen die Freunde keine Angst. Johannes wirkt tapfer und mutig und scheint doch zugleich zu wissen, was nun mit ihm passieren wird. Das ist verwirrend.

Als die Soldaten mit Johannes verschwunden sind, sehen sich Jonathan und Samuel lange schweigend an. Was sie soeben erlebt haben, war brutal und grausam. Aber der letzte Blick ihres Freundes und Lehrers Johannes war doch voller Zuversicht gewesen. Es war, als ob Johannes mit diesem Blick gesagt hätte: Was soll ich mich noch fürchten. Jesus ist der Messias. Sie können mich schlagen, foltern, sogar töten. Das eine können sie mir nicht nehmen: Meine Gewissheit, dass der Messias gekommen ist und die Menschen erlösen wird.

Jonathan und Samuel brauchen kein Wort zu wechseln. Was sie nun tun werden, steht für sie außer Frage. Sie verlassen die finstere Zelle, sehen sich vorsichtig um, ob ihnen jemand folgt. Dann machen sie sich auf einen langen Weg, einen Weg, den ihnen Johannes gezeigt hat. Johannes, der die Menschen auf die Ankunft des Messias vorbereitet hat, hat ihnen den Weg gewiesen, den Weg zum Messias. Beide spüren, dass in ihrem Entschluss, sich dem Messias Jesus anzuschließen, etwas von Johannes weiterlebt. Obwohl sie eben ihren engsten Freund verloren haben, gehen die beiden nun leichten Schrittes nach Galiläa, um Jesus zu suchen.

Teil 2

Salome ist aufgeregt. Ihre Mutter Herodias will sie heute ihrem Stiefvater vorführen: Dem König Herodes. Herodes hat Geburtstag und veranstaltet ein riesiges Fest, zu dem er alle Großen und Vornehmen von Galiläa eingeladen hat. Herodias, ihre Mutter und die neue Frau des Herodes, hat ihr befohlen, sie solle heute vor Herodes und der gesamten Hofgesellschaft tanzen. Salome ist aufgeregt, aber sie weiß auch: Wenn sie eines kann, dann ist es tanzen.

Herodias kann an nichts anderes mehr denken: Johannes muss bestraft werden. Der Kerker ist nicht genug. Sie hat noch nie einen Menschen so sehr gehasst. Warum schont Herodes ihn? Schließlich hat er doch ihn ebenso beleidigt wie sie. Eine Ehebrecherin und Sünderin sei sie, Gottes Gericht werde sie schon erfassen. Gottes Strafe schwebe über ihr wie ein Schwert. Da wollen wir doch mal sehen, über wem das Schwert hängt, denkt Herodias. Nur weil sie ihren Mann, den Bruder des Herodes, verlassen hat, veranstaltet dieser Johannes ein solches Gezeter und blamiert sie vor ganz Israel. Dafür, für diese Blamage wird er sterben. Heute Abend wird ihr Plan aufgehen.

Herodes sitzt auf seinem Thron. Er freut sich auf den heutigen Abend. Sein Geburtstagsfest wird wunderbar sein. Viele Attraktionen wurden ihm versprochen. Aber die spannendsten Andeutungen hat ihm seine neue Frau Herodias gemacht. Lächelnd lehnt er sich zurück und nimmt einen tiefen Schluck aus seinem Weinkrug. Es wird ein unterhaltsamer Abend, das spürt er.

Salome tanzt. Sie tanzt zum Flötenspiel wie eine Schlange. Es ist, als folge nicht sie der Musik, als sei sie selbst die Musik. Ihre zarten Glieder wiegen einmal sanft wie der Frühlingswind, dann fahren sie nieder wie das Donnergrollen, und die Blicke der Zuschauer werden wie magisch angezogen. Herodes vergisst alles um sich herum und sieht nur noch den faszinierenden Tanz. Als Salome fertig ist mit dem Tanz, tost der Saal vom Applaus. Und einer ruft und johlt und klatscht am lautesten – der Stiefvater Salomes: Herodes. Als es nach dem Applaus wieder still wird im Raum, steht Herodes auf und spricht vor der versammelten Festgesellschaft: »Salome, meine Tochter, du hast getanzt, wie ich es noch nie gesehen habe. Du sollst eine würdige Belohnung für diesen Tanz erhalten. Bitte von mir, was du willst, ich will dir's geben. Ich schwöre dir diesen Eid: Was du von mir bittest, will ich dir geben, bis zur Hälfte meines Königreichs.« Salome wird rot. Sie ist sich ihrer Tanzkünste durchaus bewusst.

Aber dies hatte sie doch nicht erwartet. Ihr gehen tausend Wünsche durch den Kopf. Doch da wird sie jäh aus ihren Träumen gerissen: Eine Hand zieht sie hinter einen Vorhang, in eine dunkle Ecke. Sie schaut ins Gesicht ihrer Mutter. »Ich sage dir, was du dir wünschen wirst!« »Aber Mutter ...« stottert Salome. »Keine Widerrede!« Und Salomes Mutter flüstert ihr den Wunsch zu, den sie äußern soll. Salome wird bleich, nickt aber und tritt auf Beinen, die sie kaum tragen, nach vorne – zum König. »Du fragst«, sagt sie, »was ich mir wünsche? Ich will, dass du mir gibst ... jetzt gleich, auf einer Schale: das Haupt Johannes des Täufers.«

Herodes schaut Salome erschrocken an. Dann wendet er sich um, winkt zwei Wachen zu sich.

Er flüstert dem einen etwas ins Ohr und die beiden verschwinden.

Als Herodes wenige Minuten später Salome eine Schale überreicht, liegt darauf das abgeschlagene Haupt des Johannes. Salome reicht es weiter an ihre Mutter Herodias. Diese blickt zufrieden auf den bluttriefenden Teller. Dann dreht sie ihn so zu sich her, dass sie ihrem Feind ins Gesicht sehen kann. Doch das Gesicht zeigt nicht, wie sie eigentlich gehofft hatte, die Qual, die ihr Todfeind erlitten hat. Im Gegenteil: Selbst von dem Gesicht des toten Johannes geht nun ein tiefer innerer Friede aus. Und Salome versteht etwas, was sie niemals vergessen wird: Jemand, der verliert, kann zugleich der siegreiche Held sein.

II. Karwoche und Ostern

Ungleich stärker als bei unseren beiden anderen Themen drängt in der Passions- und Ostererzählung die biblische Handlung voran. Sie verbindet eine Vielzahl einzelner Stationen, vom Einzug Jesu in Jerusalem bis zu dem Abend, an dem der auferstandene Christus sich den Emmausjüngern zeigt. Wollte man alles haarklein erzählen, man käme kaum mehr zu etwas anderem, und die Schüler/innen blieben passive Rezipienten einer, wenn auch fraglos spannenden, Geschichte.

Von dieser Geschichte sind vielen Schüler/innen Bruchstücke bekannt, weniger bekannt ist in der Regel die zeitliche Abfolge, vor allem aber die logische und motivationale Verknüpfung. Es tut also not, zugleich einen Bogen zu spannen und eine Schneise zu schlagen: Unser Ziel ist, didaktische Reduktion mit Methoden zu kombinieren, die aktives Verstehen, Sich-Hineinversetzen und Übertragen möglich machen.

Wir haben uns für eine narrative Struktur entschieden, die über weite Strecken mit Maria aus Magdala und Simon dem Zeloten zwei Erzählfiguren mit unterschiedlichen Sichten anbietet. Die Jüngerin und der Jünger dienen für die Schüler/innen als Identifikationsangebote. Damit wird eine – oft problematische – psychologische Einfühlung in Jesus vermieden bzw. perspektivisch vermittelt.

Die inhaltliche Leitlinie ist das, was Passion und Auferstehung in Glauben und Kirche zu einer einmaligen, außerordentlichen Geschichte macht: die Frage nach Jesu Messianität. Die theologische Dialektik von These (die Idee von Jesus als weltlichem Herrscher), Antithese (Vernichtung Jesu in der Welt) und Synthese (Jesus als diese Welt transzendierender Herr) greifen wir in unserem Aufbau auf: grob gesprochen, können jeweils zwei Stunden einer Stufe zugeordnet werden.

1. und 2. Stunde

Aus der Sicht von Maria aus Magdala werden die Schüler/innen in die Geschichte hineingeführt. Die Warum-Fragen, die sie sich angesichts von Jesu Einzug in Jerusalem stellt, werden zu den Fragen, die die Schüler/innen aktiv in der Bibel Zusammenhänge suchen lassen. Die Mitte der ersten Stunde bildet die Erkenntnis »Jesus zieht in Jerusalem ein – wie ein König«; in den Schülerinnen und Schülern kann eine produktive Spannung entstehen zum Vorwissen: »der wird doch bald umgebracht«. Die kontrastiven Vorstellungen Marias und Simons bieten Jesusbilder an, die die Schüler/innen teilen können. Dass die beiden eher den klassischen Geschlechterrollen entsprechen, legt die Schüler/innen in ihrer Zuwendung nicht fest.

Die 2. Stunde spitzt zunächst die Handlung zu: Tempelreinigung und letztes Abendmahl. Dies wird hier bewusst nur erzählt, da eine Deutung erst von Kreuzestod und Auferstehung her sinnvoll ist (6. Stunde). Im Zentrum der Stunde steht eine Weitung des Blicks über die Jünger/innen hinaus auf die gesellschaftlichen Kräfte, die das Spannungsfeld um Jesus bilden. In einem Rollenspiel gehen die Schüler/innen der – fast krimimäßigen – Frage »Wer bedrohte Jesus?« auf den Grund.

3. und 4. Stunde

Die zentralen Stunden sind dem Kreuz gewidmet. Dieses hinter seiner Omnipräsenz in unserer Welt unscharf gewordene Symbol gehen wir in einer doppelten Verfremdung an: einerseits formal – durch den die Schüler/innen motivierenden Manga-Comicstil –, andererseits inhaltlich – die zunächst präsentierte Geschichte vom leidlosen Helden J-Man stellt einen Kontrast zu Jesu Passion dar. Im produktiven Umgang mit der Passionserzählung der Evangelien und im Vergleich mit J-Mans Heldentat fokussieren die Schüler/innen die zentrale Frage, die der biblische Text aufwirft: »Warum stirbt Jesus ›in echt‹?«

Die 4. Stunde schafft eine Wiederholung und Vertiefung des Gelernten, sowohl auf kognitiver als auch auf emotionaler Ebene. In einer meditativen Atmosphäre wird aus Bildern, die die Schüler/innen selbst gemalt haben, ein Kreuzweg im Klassenraum. Indem sie ihn einzeln begehen und ein Bild, das sie besonders anspricht, vorstellen, mögen die Schüler/innen einen individuellen Zugang zur Passion finden. Zur Stärkung des ökumenischen Aspekts kann die Beschäftigung mit der katholischen Kreuzweg-Tradition angeknüpft werden; ein Kirchenbesuch liegt nahe.

5. und 6. Stunde

Die Schüler/innen begegnen nun wieder der ihnen vertrauten Figur Maria aus Magdala. Die Darstellung ihrer Gefühle ermöglicht den Hörerinnen und Hörern der Erzählung, Marias Trauer und, nach der Auferstehung, den Umschlag in Staunen und Freude zu erfahren. In einem Rollenspiel versetzen sich die Schüler/innen in die Jüngerinnen hinein; die Würdigung der weiblichen Figuren ergänzt das oft männlich dominierte Vorwissen der Schüler/innen. Wiederkehrendes Motiv der Stunde ist die Lichtsymbolik. Den Abschluss bildet der produktive Umgang mit ihr: die Schüler/innen gestalten eine Auferstehungssonne.

Die 6. Stunde bündelt die zentralen Fragen der Einheit, insbesondere die nach der Messianität Jesu, und führt sie zu einem Abschluss. Ausgehend von der genauen Bildbetrachtung einer Rembrandt-Radierung, setzen sich die Schüler/innen handelnd mit der Emmausgeschichte auseinander. Die Symbole von Brot und Brotbrechen werden gedeutet. Das abschließende Unterrichtsgespräch thematisiert den Sinn dieser Geste Jesu; dabei geht es nicht um ein dogmatisch ›korrektes‹ Abendmahlsverständnis, sondern um ein ernsthaftes Theologisieren mit und unter den Schülerinnen und Schülern.

1. Stunde: Jesus zieht in Jerusalem ein

Sozialform/ Methoden	Unterrichtsinhalte, Fragen, Aufgaben	Medien
Einstieg	▶ L zeigt **Karte** mit Pilgerweg von Galiläa nach Jerusalem.	siehe **M 2** (S. 25)
LV (1)	▶ **Erzählung** vom Einzug Jesu in Jerusalem.	**M 1**
	Arbeitsauftrag: Merkt euch die Fragen, die Maria von Magdala sich stellt, und schreibt diese in euer Heft. *(Platz für Überschrift lassen.)*	
	Erzählstichpunkte: – Simon der Zelot und Maria Magdalena mit Jesus und den anderen Jüngern auf Pilgerfahrt nach Jerusalem zum Passafest. – Jesus wird »Sohn Davids« genannt und heilt Blinde. – **Maria fragt sich, welche Bedeutung der Begriff »Sohn Davids« hat.** – Maria erinnert sich, wie Jesus sie geheilt hat. – Maria und Simon unterhalten sich. Simon spricht von seiner Messiaserwartung. Er erhofft sich, dass Jesus die Römer mit Gewalt vertreibt. Maria erschreckt dieser Gedanke. – Jesus sendet Jünger los, um das Eselsfohlen loszubinden. Vorhersage der Auffindung erzeugt Spannung. Die Jünger erwarten die Menge mit dem Eselsfohlen. – **Maria fragt sich, warum Jesus auf einem Eselsfohlen reiten will.** – Jesus reitet unter dem Jubel der Menge in Jerusalem ein. Die Menschen legen Kleider und Zweige auf den Weg vor ihm nieder. – **Maria fragte sich, warum die Menschen Kleider vor Jesus auf die Straße legen.**	
UG	▶ L stellt Leitfrage: **Welche Fragen hat Maria von Magdala sich gestellt?**	Tafel/Heft
Sicherung	▶ Fragen sammeln und aufschreiben (linke Tafelseite oder OHF). Überschrift: Jesus zieht in Jerusalem ein	Tafel/OHF
EA / UG	▶ Sch beantworten die Fragen Marias, indem sie in der Bibel nachschlagen. Bibelstellen zu den Fragen an die Tafel / auf OHF. **Maria fragt sich ...** – Welche Bedeutung hat der Begriff »Sohn Davids«? → Jeremia 23,5f – Warum reitet Jesus auf einem Eselsfohlen? → Sacharja 9,9 – Warum legen die Menschen Kleider vor Jesus auf die Straße? → 2. Könige 9,13 *Ergebnis:* – *David war der berühmteste König Israels. Die Leute glauben, dass Jesus König von Israel werden und für Recht und Gerechtigkeit sorgen soll. Deshalb nennen sie ihn »Sohn Davids« (Jer 23,5).* – *Jesus reitet in Jerusalem ein, wie ein König, und doch bescheiden auf dem Füllen einer Eselin (Sach 9,9).* – *Die Menschen empfangen Jesus so, wie man einen König empfängt (2. Kön 9,13).*	Tafel/OHF/ Bibeln

| Sicherung | **Parallel zum UG TA entwickeln:** | TA (außer rechte Spalte und Zusammen-fassungen |

Symbol	Bedeutung	passt zu:
a) Jer 23,5f: Titel: Sohn Davids	ein König von Recht und Gerechtigkeit	Simon
b) Sach 9,9: Handlung: Reitet auf Eselsfohlen	ein König der Demut	Maria
c) 2. Kön 9,13: Reaktion: Menschen legen Kleider vor ihm nieder	ein von Gott erwählter König	Simon
Die Menschen erhoffen sich von Jesus, dass er ein starker König ist, der mit seiner Macht Recht und Gerechtigkeit durchsetzt. Jesus zeigt sich dagegen als eigenartiger König: ein demütiger König, der sich selbst erniedrigt.		

▶ **L fragt: Was haben alle drei Hinweise gemeinsam?**
→ Jesus ist wie ein König.

▶ Überschrift ergänzen: **Jesus zieht in Jerusalem ein – wie ein König**

UG	▶ **L fragt: Was erhoffen sich die Menschen von Jesus?**
	– Wie sieht Simon Jesus? *(Jesus als König der Juden / Anführer und Freiheitskämpfer gegen die Römer)*
	– Welche Befürchtungen hat Maria? *(Blutvergießen, Jesus als Messias der Gewalt)*
	– Wie hat Maria Jesus bisher wahrgenommen? *(Als Wunderheiler, Helfer, Befreier, nicht als mächtigen König, sondern als Freund und Helfer, vgl. persönliche Befreiung von den Dämonen)*

Sicherung	▶ **Arbeitsaufgabe:** Ordnet die verschiedenen Erwartungen dem TA zu.	TA (rechte Spalte)
	– Wer von beiden hat Recht?	
	– Wie zeigt sich Jesus selbst? (Will er sich zum König der Juden erheben?)	
	▶ Sch formulieren Ergebnis; L protokolliert an der Tafel.	TA Zusammen-fassungen

2. Stunde: Jesus in Gefahr

Sozialform/ Methoden	Unterrichtsinhalte, Fragen, Aufgaben	Medien
LV	**Erzählung »Jesus im Tempel«**	**M 2**, Teil 1
	Stichpunkte:	
	– Jesus geht in den Vorhof des Tempels und vertreibt die Händler.	
	– Jesus heilt und wird erneut als Sohn Davids gepriesen.	
	– Simon wendet sich an Maria.	
	Erzählung »Das Abendmahl«	**M 2**, Teil 2
	Stichpunkte:	
	– Simon erzählt Maria von Magdala vom Abendmahl.	
	– Abendmahlserzählung eng an der biblischen Vorlage.	
	– Simon zweifelt im Gespräch an seiner Hoffnung, Maria sieht sich bestätigt.	
	– Als Jesus die zwölf Jünger ruft, ihm in den Garten Gethsemane zu folgen, beginnt Simon wieder zu hoffen: Heute Nacht geht es los.	
	– Die Jünger gehen mit Jesus in den Garten Gethsemane und lassen die Frauen zurück.	
	– Die Frauen sehen das Unheil aufziehen. Für sie hat die Erkenntnis »Heute Nacht wird es geschehen« eine bedrohliche Konsequenz.	

Rollenspiel	▶ Im **Rollenspiel M 3** werden die Gruppen, die nun Ursache der Bedrohung darstellen, sowie die Frauen, die zurückgelassen werden, inszeniert.	**M 3** Rollenspiele
	Die Sch lesen in Gruppen die Dialoge mit Erzähler vor. L zeigt Orte der Gruppen in Jerusalem auf OHF. *(Oberstadt: Sadduzäer; Unterstadt Zeloten, evtl. auch Pharisäer)*	**M 4** Folie

UG

▶ Leitfrage: **Wer hatte ein Interesse am Tod Jesu?**

▶ Erarbeiten: **Wie stehen die jeweiligen Gruppen zu Jesus?**

Zeloten:
- Wollen einen Aufstand gegen Römer.
- Suchen einen Anführer, Messias.
- Jesus lehrt Frieden, d.h. er ist nicht der Messias.

Sadduzäer:
- Verdienen Geld mit dem Tempel.
- Sehen mit Entsetzen Jesus bei der Tempelreinigung.
- Arbeiten mit den Römern zusammen.
- Fürchten einen Aufstand.

Pharisäer:
- Sehen in Jesus einen Verbündeten.
- Kritisieren ihn wegen seiner mangelnden Gesetzesstrenge.
- Halten sein Verhalten für gefährlich.

Römer:
- Verachten Jerusalem als unzivilisiert.
- Fürchten Attentate und Aufstände.
- Sehen in Jesus einen Unruhestifter.

▶ Sch formulieren eine Antwort auf die Frage, wer jeweils ein Interesse an Jesu Tod hatte.

Sicherung   ▶ Entwicklung des **Tafelanschriebs** parallel zur Besprechung: TA

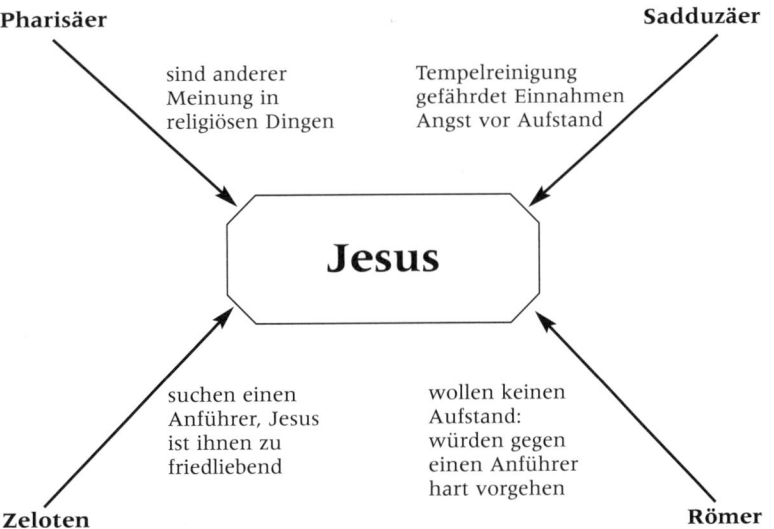

3. Stunde[1]: Kein Held? – Jesus leidet und stirbt am Kreuz

Sozialform/ Methoden	Unterrichtsinhalte, Fragen, Aufgaben	Medien
	▶ **L fragt: Wer von euch kennt den Begriff »Manga«?**	
LV	(Information:	
	– Manga = japanischer Comic.	
	– Typisches Manga-Element ist das Kindchenschema mit großem Kopf und stark vergrößerten »Kulleraugen«.	
	– Berühmte Figuren: Heidi, Sailor Moon.	
	– Heute lesen sehr viele Menschen weltweit, vor allem Jugendliche, Mangas.	
	– Beliebte Themenbereiche der Mangas: Science Fiction, Fantasy, Horror, Action und Abenteuer.	
	– Viele moderne Mangas sind eher bild- als textlastig. Sie sind vor allem in schwarz-weiß gehalten und werden entsprechend der traditionellen japanischen Leserichtung von »hinten« nach »vorne« und von rechts nach links gelesen.)	
	▶ L legt Manga auf den OHP: »Ich zeige euch jetzt auf Folie eine Geschichte, die eine mangabegeisterte Schülerin (Klasse 12) gezeichnet hat.« (Die Leserichtung ist hier europäisch belassen)	**M 5** (nur Bild-seiten!)
	Die Geschichte spielt, wie es für viele Mangas typisch ist, in einer Zeit, die in der Zukunft zu sein scheint, aber andererseits auch mittelalterliche Elemente enthält.	
	▶ L liest Einleitungstext und deckt dann Bilder nacheinander auf. Die Texte zu den Bildern werden von L selbst oder von Sch gelesen.	
UG	▶ **L fragt: Kanntet ihr diese Geschichte schon?**	
	▶ Sch entdecken Ähnlichkeiten mit der Passionsgeschichte.	
EA	▶ Sch erhalten **M 5** und **M 6**.	**M 5** auf DIN A3 (Manga neben Leerseite)
	▶ Sie lesen den Passionstext (**M 6a**) und markieren, welcher Abschnitt jeweils einem Bild (**M 5**) zuzuordnen ist.	**M 6a**
GA	▶ Sch kontrollieren in Gruppen ihre Ergebnisse; sie schneiden die Abschnitte aus und kleben sie in die 3. Spalte der DIN A3-Kopien von **M 5**.	**M 6b**, Scheren, Klebstoff
UG	▶ **L fragt: Vergleicht beide Geschichten. Welche Gemeinsamkeiten und Unterschiede fallen euch auf?** *(J-Man geht furchtlos, cool in den Tod, weil er weiß, dass er keine Schmerzen haben wird. Er zeigt allen bis zum Schluss seine Macht. Seine Freunde halten zu ihm.)*	
	▶ **Zu zwei Bildern finden wir in der Bibel keine Parallele. Wieso gerade zu diesen beiden?** *(Jesus verzichtet auf Rache und Machtdemonstration; am Schluss ist er – zunächst einmal – wirklich tot.)*	

---

1 Für diese Einheit sollte möglichst eine Doppelstunde zur Verfügung stehen. Alternativ kann das Ausschneiden und Einkleben als Hausaufgabe erledigt werden.

Ergebnis- sicherung	▶ **Der Zelot Simon (1./2. Stunde) hätte sich gewünscht, dass** **Jesus ein Held wie J-Man ist. Warum will Jesus nicht wie** **J-Man sein?**	TA
	▶ **Warum stirbt Jesus »in echt«?**	
	▶ **Wie stirbt Jesus?**	

Tafelanschrieb:

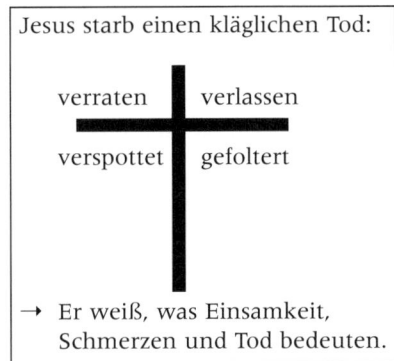

HA	▶ L ordnet den Gruppen je einen Abschnitt zu, den sie illustrieren sollen. Jede/r Schüler/in innerhalb einer Gruppe zeichnet ein Bild, sodass am Ende je 2–3 Bilder zum Einkleben zur Wahl stehen.	Leere Blätter im Format DIN A4

4. Stunde: Der Kreuzweg

Sozialform/ Methoden	Unterrichtsinhalte, Fragen, Aufgaben	Medien
Vorbereitung	▶ L legt auf 9 Tische Überschriften aus: – Jesus betet, bevor die Soldaten kommen. – Jesus wird verraten und gefangen genommen. – Die Jünger ergreifen die Flucht. – Jesus wird von Pilatus verhört. – Die Menschenmenge verlangt den Tod Jesu. – Die Soldaten verspotten und schlagen Jesus. – Jesus kann das Kreuz nicht mehr tragen. – Die Zuschauer verspotten den gekreuzigten Jesus. – Jesus stirbt qualvoll und einsam. ▶ Sch ordnen ihre Bilder einem Tisch zu und legen sie aus (evtl. auf schwarze Kartons als rahmenden Untergrund). ▶ Die Klasse verlässt den Raum; L schaltet Meditationsmusik ein.	Überschriften aus **M 7**; CD; CD- Player; schwarze Kartons
Kreuzweg	▶ Sch betreten einzeln / in kleinen Gruppen den Raum und betrachten die Bilder, indem sie von Tisch zu Tisch gehen. Sie überlegen, welches Bild sie am meisten anspricht. *Hinweis*: Diese Methode eignet sich nicht bei einer großen, lauten Klasse. *Alternativen:* 1) Die Bilder werden in einer Kirche aufgehängt/ausgelegt. Alle Sch setzen sich in die Bankreihen und hören meditative Musik; sie stehen nacheinander zu zweit auf und betrachten die Bilder. Möglicher Beobachtungsauftrag während des Wartens: Welche Hinweise findet ihr in der Kirche auf die Kreuzigung Jesu?	

	2) Die Klasse bleibt im Klassenzimmer und singt/malt, während die Sch paarweise das Klassenzimmer verlassen und den auf dem Gang ausgehängten Kreuzweg abschreiten.	
UG	▶ Die Klasse sammelt sich wieder im Raum; Sch gehen zu dem Bild, das sie ausgewählt haben. ▶ Sie stellen es der Klasse vor. ▶ Nachdem alle Stationen betrachtet wurden, entscheidet die Klasse, welche Bilder in das AB geklebt werden.	
Schluss	▶ L erzählt von der katholischen Kreuzweg-Tradition und regt evtl. die Besichtigung eines Kreuzwegs an.	
HA für L	▶ **Ausgewählte Bilder auf AB-Format verkleinern (sie müssen in das jeweilige Bildfeld passen) und im Klassensatz kopieren.**	

5. Stunde: Durch Nacht zum Licht – Maria aus Magdala erlebt Jesu Auferstehung

Sozialform/ Methoden	Unterrichtsinhalte, Fragen, Aufgaben	Medien
	▶ Austeilen und **einkleben der »Kreuzweg«-Bilder** aus der 4. Stunde in die vierte Spalte von **M 5**.	**M 5** (DIN A3-Kopien)
LV	▶ **Erzählung** »Schwarzer Tag, schwarze Nacht«. *Stichpunkte:* – Maria ist in der Nacht nach Jesu Tod sehr traurig. – Sie rekapituliert die Kreuzigung aus ihrer Sicht und ordnet ihre Gedanken. – Dabei zieht sich das Symbol der Düsternis durch in Form der Nachtschwärze, der dreistündigen Sonnenfinsternis bis zu Jesu Tod und des ›schwarzen Lochs‹ der Graböffnung. – Am Morgen des Sabbats (Ostersamstag) hat Maria die Idee, Jesus zu salben: persönlicher Liebesdienst aber auch Messiaszeichen. – Sie will die anderen Jüngerinnen für diese Idee gewinnen.	**M 8** Erzählung mit OH-Projektion einer ausgeschnittenen Scheibe oder eines runden Deckels (Sonnenfinsternis)
PA/GA: Rollenspiel	▶ L entwirft folgende Szene: Maria erzählt einer anderen Jüngerin, was sie vorhat und warum. Sie will die andere davon überzeugen mitzumachen. **Wie reagiert die andere Jüngerin? Wie geht es aus?** ▶ Aufgabe: **Spielt dieses Gespräch.** (Möglich: Macht euch vorher Notizen, was Maria nicht vergessen sollte. Eventuell hilft ein Souffleur in jeder Gruppe, der ggf. Stichworte einsagt.)	
UG	▶ **Vortrag der Ergebnisse:** *(– Maria will den toten Jesus salben.* *– Salben bedeutet sowohl persönlichen Liebesdienst als auch Messiaszeichen.* *– Für Maria ist also mit dem Tod nicht alles aus.* *– Anders als einige männliche Jünger bleibt Maria Jesus auch jetzt treu und sieht ihn als ihren Messias.* *– Heute können die Frauen nichts tun wegen der Sabbatruhe.*	

	– *Probleme bei der Umsetzung [morgen] machen der Geldmangel und der schwere Stein.*	
	– *Zustimmung und Hilfe der anderen Jüngerin sind zu erwarten [wie in der Bibel].*	
	– *Ein anderer Gesprächsausgang muss aber nicht ›falsch‹ sein).*	
LV	▶ **Erzählung** »Was sucht ihr den Lebenden bei den Toten?«	**M 9**
	Stichpunkte:	
	– Maria geht mit anderen Jüngerinnen am Morgen nach dem Sabbat zum Grab, um Jesus zu salben.	
	– Der Stein ist weg.	
	– Im Grab sagt ihnen eine weiße Gestalt, dass Jesus auferstanden sei.	
	– Sie sind völlig verwirrt.	
	– Sie laufen davon in den hellen Morgen.	
	– Allmählich begreifen sie, dass Jesus wirklich auferstanden ist.	
	– Nun strahlen sie vor Freude.	
EA	▶ Bildgestaltung einer Auferstehungssonne (Kooperation mit Kunstunterricht möglich).	Papier DIN A5, schwarze, rote, orange Farbstifte, Wachsfarben o.ä. (mitbringen lassen)
	Die Symbolik von Nachtschwarz einerseits und Licht andererseits greift die Zweischichttechnik anschaulich auf:	
	1. Schritt: Die Schüler/innen kolorieren ihr Blatt mit Gelb- und Rottönen.	
	2. Schritt: Die Schüler/innen decken die ganze Bildfläche mit Wachskreide ab.	
	3. Schritt: Die Schüler/innen kratzen die Sonne in die schwarze Fläche, sodass eine hervorleuchtende Zeichnung entsteht.	
	Das Bild kann ins Religionsheft eingeklebt werden. Achtung: Tische gut mit Zeitungen abdecken! Da das Bild abfärbt, sollte die gegenüberliegende Seite frei bleiben.	
	▶ Die Schüler/innen versehen ihr Bild jeweils mit einem Titel.	Folie oder TA
	Zur Auswahl:	
	– »Ich bin das Licht der Welt« (Joh 8,12)	
	– »Gottes Liebe ist wie die Sonne« (Kirchenlied)	
	– »In deinem Lichte sehen wir das Licht« (Ps 36,10)	
	– »Die Nacht leuchtete wie der Tag« (Ps 139,12)	
	– »O Tod, wo ist dein Stachel nun?« (Ev. Gesangbuch 113)	
	– »Sende dein Licht und deine Wahrheit« (Ev. Gesangbuch 172)	
Ausstellung	▶ Ausstellung der Bilder	Scheibe bzw. Deckel auf OHP
UG	▶ **L: Vergleicht das Bild, das ich bei der ersten Geschichte »Schwarzer Tag, schwarze Nacht« mit dem OHP gezeigt habe, mit euren Osterbildern. Was fällt euch auf?**	
	(Kontrast von Sonnenfinsternis/schwarzem Loch und strahlender Sonne/Licht.)	
	▶ **Wie passt dieses Osterbild zu unserem Kreuzweg?**	
	(Es könnte das Schlussbild sein.)	

6. Stunde: Emmaus – am Brotbrechen erkennen sie den lebendigen Jesus

Sozialform/ Methoden	Unterrichtsinhalte, Fragen, Aufgaben	Medien
UG	▶ **L fragt: Wer kann mich ohne Worte so nachmachen, dass man mich erkennt?**	Gesten
	▶ Einzelne Sch probieren es aus.	

	▶ Andere Menschen mit einer typischen Geste darstellen lassen (ggf. Wort »Geste« klären).	
	▶ **L: Gibt es typische Lehrer- oder Schülergesten? Was sagen sie über den aus, der sie macht?**	
Bildbetrachtung im UG	▶ **Bildbetrachtung** Rembrandt: Radierung zu Lk 24,30f. – **Wir betrachten nun ein Bild, auf dem eine typische Geste eine große Rolle spielt.** **Wir beschreiben es erst genau und deuten es dann.** – Wer ist wer? *(rechts Jesus)* – Welche typische Geste macht er? *(Brotbrechen)* – Woher kennt ihr diese Geste von Jesus schon? *(Abendmahl)* – Wie wirken die anderen? *(überrascht)* – Warum? Wer kennt die Geschichte schon?	**M 10** Bild auf auf Folie
PA	▶ L: Einige von euch haben diese berühmte Geschichte aus der Bibel wahrscheinlich schon mal gehört. Aber auch wenn ihr sie nicht kennt, könnt ihr die Aufgabe gut schaffen. Ihr müsst nur logisch kombinieren. – **Bringt die Erzählschritte in die richtige Reihenfolge.**	**M 11**
UG	▶ Schüler/innen lesen Ergebnisse vor ▶ Besprechung. *(Richtige Lösung: G-N-U-H-E-T-S-R-E-F-U-A [rückwärts lesen])*	
Sicherung	▶ L: Wir wollen nun am Schluss unseres Osterthemas die wichtigsten **Ergebnisse zusammentragen.** Sie lassen sich am Brotbrechen festmachen. *»Brot brechen – die Jesus-Geste«* **Wo kommt das Brotbrechen vor?** *(– Beim letzten Abendmahl vor Jesu Tod.* *– Beim Abendmahl in Emmaus nach Jesu Auferstehung.* *– Beim Abendmahl in unserem Gottesdienst.)*	
EA	▶ **Aufgabe: Wenn Jesus das Brot bricht, zeigt er ...** **Finde drei Ergänzungen für diesen Satzanfang.**	**M 12**
UG	▶ Sammlung und Vergleich der ergänzten Sätze.	**M 12**
	Vertiefung im UG Vorsicht mit dogmatischen Formeln! Fruchtbarer ist ein die Sch und ihre Vorstellungen ernst nehmendes theologisches Gespräch, in dem zugleich deutlich wird, welche Inhalte des Unterrichts angekommen sind.	
Sicherung	Wenn Jesus das Brot bricht, zeigt er – *dass er etwas von sich gibt (Einsetzungsworte: »Dies ist mein Leib«)* – *dass auch wir geben und teilen sollen* – *dass er unser »Lebens-Mittel« sein will* – *dass er ein einfacher, nicht prunkvoller Messias ist (Brot statt Kuchen)* – *dass er als Messias sogar den Tod überwunden hat* – *wie wir als christliche Gemeinschaft erleben können, dass er da ist.* ▶ Mögliche Impulse: – Warum sind die Emmaus-Jünger so erstaunt? – Ist Jesus nach eurem Verständnis nun, am Ende der Ostergeschichte, der Messias? Oder ist er gescheitert? – Wo tauchten in der Jesusgeschichte zuvor schon Zeichen auf, die gar nicht prunkvoll waren? *(Weihnachten [Stall, Krippe, Hirten], Palmsonntag [Esel]).* – Welche Geste würde zu J-Man passen? ▶ Möglicher Abschluss: Lied »Komm, sag es allen weiter«.	

Maria und Simon

Während sie den staubigen Weg von Jericho nach Jerusalem gingen, dachte Maria aus Magdala darüber nach, was sie erlebt hatte. Sie waren auf dem Pilgerweg nach Jerusalem. Oft war sie alleine gegangen. Aber heute war einer der Jünger an ihrer Seite. Schon vor einigen Tagen war ihr aufgefallen, dass sich Simon häufig in ihrer Nähe aufhielt. Ausgerechnet er, der doch so ein typischer Mann war: Immer vorne mit dabei, immer einen markigen Spruch auf den Lippen. Immer eifrig und mutig. Von solchen Männern erwartete sie schon fast, dass sie Frauen herablassend behandelten. Doch Simon schien verändert. Auf einmal hatte er angefangen, mit ihr über Jesus zu sprechen. Schnell hatten sie gemerkt, dass sie eines verband: eine eigenartige Erwartungshaltung – irgendwo zwischen Sorge und Hoffnung. Sie wussten beide nicht so recht, was sie über die Zukunft denken sollten. Es schien alles im Umbruch. Beiden war klar, dass mit dem Weg nach Jerusalem ein neues Kapitel aufgeschlagen würde.

Simon der Zelot

Simon nannte man *den Zeloten*. Zeloten waren Juden, die mit Waffen gegen die Römer kämpften. Ihr Ziel war es, die römischen Besatzer zu vertreiben, wie ihre Anführer es ausdrückten: »Wir treiben die Römer ins Meer; wir wollen, dass wieder ein jüdischer König über Israel herrscht.« Da aber Jesus keine Waffen führte, hatte auch Simon seine abgelegt. Jesus hatte Simon angesteckt mit seiner Begeisterung für Gott und seiner Liebe zu den Menschen. Doch Simon, das hatte Maria mittlerweile verstanden, wollte mehr: Er träumte den Traum der Zeloten. Für ihn war Jesus der König, auf den die Zeloten warteten. Und: Simon war sich sicher, dass Jesus sich in Jerusalem zum Herrscher erheben würde.

Jesus wird »Sohn Davids« genannt und heilt Blinde

Nicht nur Jesus und die kleine Schar seiner Jüngerinnen und Jünger waren auf dem Weg nach Jerusalem zum Passafest. Die Straßen dorthin waren voller Pilger – viele Tausende waren unterwegs. Doch keiner von ihnen erregte so viel Aufsehen wie Jesus. Jesu Ruf eilte ihm voraus. Fast schon war es normal, dass er am Stadttor bereits von einer Menschenmenge empfangen wurde.

Gestern nun war ein Gedanke aufgetaucht, der Maria seither nicht mehr verließ. Etwas Ungewöhnliches war geschehen: Zwei Blinde hatten am Wegrand gesessen. Woher sie gewusst hatten, dass Jesus an ihnen vorüberging, war Maria völlig schleierhaft. Sie hatten gerufen: »*Ach Herr, du Sohn Davids, erbarme dich unser.*« Die Menge, die Jesus begleitet hatte, fuhr die beiden sofort entsetzt an, sie sollten schweigen. Doch Jesus hatte sich ihrer erbarmt, hatte sie gefragt, was er für sie tun solle, und sie auf ihr Bitten hin geheilt. Er hatte einfach ihre Augen berührt und da sahen sie.

Die Blinden hatten Jesus »Herr, du Sohn Davids« genannt. Natürlich kannte sie den großen König Israels – David. Die Erzählungen von David kannte in Israel jedes Kind.

Maria fragte sich, welche Bedeutung der Begriff »Sohn Davids« hatte.

Maria erinnert sich

Wie so oft schon war Maria gerührt davon, wie sich Jesus den Menschen, die Hilfe brauchten, zuwandte, wie er Lahme, Aussätzige und Blinde geheilt hatte. Wie er schließlich vor nicht langer Zeit auch sie geheilt und zu einem neuen Leben befreit hatte. Sie war damals in großer Not gewesen: einsam, verlassen und verachtet von allen. Jesus hatte sie einfach angenommen, so wie sie war. Allein durch die Begegnung mit ihm war sie erlöst worden, von allem, was sie gequält hatte. Diejenigen, die diese Veränderung durch die Begegnung mit Jesus beobachtet hatten, erzählten später, Jesus habe sieben Dämonen aus ihr ausgetrieben. Wenn sie an das Gefühl der Befreiung dachte, dann schien ihr diese Beschreibung gar nicht so unpassend. Maria spürte ein tiefes, warmes Gefühl der Dankbarkeit und Liebe, die sie Jesus entgegenbrachte. Sie lächelte in sich hinein und ging voran.

Jerusalem kommt in Sicht und weckt Simons Hoffnung

Ein Ruf weckte Maria aus ihren Gedanken. »Jerusalem!« – riefen die Pilger mit vor Freude glänzenden Augen. Und tatsächlich: Dort vorne sah man den Ölberg und von dort aus konnte man die heilige Stadt mit dem riesigen Tempel schon sehen.

Sie kamen an einen Ort namens Betfage. Die Schar der Jünger hielt an. Maria und Simon schlossen zu der Schar auf. Maria sah gebannt auf die heilige Stadt. Mit ihren Türmen und Mauern sah sie aus wie ein kostbares Juwel und war zugleich so stark befestigt, dass man es kaum glauben wollte, dass es den Römern gelungen war, diese Stadt zu erobern.

Simon betrachtete die Stadt. Seine Augen funkelten, als er zu Maria sprach: »Da ziehen wir also nun zum Passafest nach Jerusalem und danken Gott für die Befreiung aus der Sklaverei damals in Ägypten. Aber heute sind wir nicht frei. Wir Juden opfern im Tempel ein Lamm und feiern das Passafest zur Erinnerung an die Befreiung, anstatt uns selbst zu befreien«.

Maria darauf: »Simon, du kannst nicht ablassen von deiner Idee, Jesus könnte die Menschen mit Waffengewalt gegen die Römer anführen.«

»Weißt du, was ich glaube?«, sagte Simon, »Jesus wird in Jerusalem die Königsherrschaft Davids errichten. Dann wird Gerechtigkeit und Frieden herrschen – erst dann. Sobald er in Jerusalem eingezogen ist, wird er die Macht an sich reißen. Du wirst schon sehen.«

Maria blieb entsetzt stehen. Der Gedanke erschreckte sie. Ihr wurde fast schwindlig bei dem Gedanken, in Jerusalem könnte sich Jesus zum König erheben lassen wollen. Es war ihr, als höre sie schon Kampfgeschrei und sehe Blut die Straßen Jerusalems beflecken. Die beiden gingen schweigend weiter.

Jesus lässt sich ein Eselsfohlen bringen

Plötzlich war Jesus stehen geblieben und um ihn herum bildete sich eine Traube Neugieriger. Maria drängte sich in die vorderste Reihe zu Jesus hin. Jesus wählte zwei seiner Jünger aus und schickte sie voraus. Er sagte: »Geht in das Dorf, das vor euch liegt, und sogleich werdet ihr eine Eselin angebunden finden und ein Eselsfohlen bei ihr. Bindet das Fohlen los und führt es zu mir. Und wenn euch jemand etwas sagt, so sprecht: Der Herr braucht es. Sogleich wird er es euch geben.« Es erhob sich aufgeregtes Gemurmel. Die zwei ließen ihr Gepäck da, um schneller als die anderen voranzukommen und liefen eilig los.

Die beiden Jünger waren verschwunden und der Pilgerzug wälzte sich weiter in Richtung Jerusalem. Viele Blicke waren nun auf Jesus gerichtet. Die Menschen warteten gespannt, ob er mit seiner Vorhersage Recht behielt.

Als sie den Ölberg hinab stiegen und an eine Wegkreuzung kamen, warteten dort die Jünger,

das Eselsfohlen an einem Seil. Sie führten es zu Jesus, legten Kleider darüber, und er setzte sich darauf. Maria war klar: Das Fohlen diente Jesus nicht einfach als Reittier. Jesus hatte niemals auch nur einen Schritt gezögert auf dem langen Weg. Er war nicht müde, schon gar nicht gebrechlich. Er benötigte kein Reittier. Und Simon sah noch erstaunter auf Jesus. Er murmelte: »Das ist doch unter seiner Würde, so ein Eselsfohlen. Er müsste auf einem prächtigen Hengst reiten.«

Maria fragte sich, warum Jesus auf einem Eselsfohlen reiten wollte.

Sie bemerkte, wie viele Menschen Jesus ansahen, als wäre er ihnen als Geist erschienen. Auch in der Stadt schien man aufmerksam geworden zu sein. Einige liefen vor das Tor der Stadt. Es wurden immer mehr. Man konnte die Aufregung, aber auch die große Freude mit Händen greifen. Die Menge teilte sich vor Jesus auf dem Fohlen und bildete eine Gasse. Ringsum hörte man Jubelrufe. Da sah Maria, wie die enge Gasse sich weitete und einen Weg zum Stadttor freigab. Darauf breiteten viele ihre Kleider, andere grüne Zweige, sodass die Hufe des Eselsfohlens kaum noch den Staub der Erde berührten. Die Menschen riefen alle zusammen: Hosianna, rette uns, Sohn Davids. So zog Jesus, umjubelt wie ein siegreicher Feldherr oder König, in die Stadt ein. Aber nicht auf einem Pferd, wie Simon erwartet hatte.

Der Einzug hatte einige Minuten gedauert. Doch Maria schienen es ein paar Sekunden. Ihre Gedanken rasten.

Maria fragte sich, warum die Menschen Kleider vor Jesus auf die Straße legten.

Maria und Simon folgten der Menge zum Tor. Dort hatten sich römische Soldaten versammelt, die misstrauisch auf die Menschenmenge sahen. Maria fürchtete, dass sie jeden Moment eingreifen und Jesus verhaften würden. Wahrscheinlich taten sie das nur nicht, um keinen Aufstand zu provozieren. Steil überragten die Mauern der Burg Antonia den Platz, auf den sie durch das Tor gekommen waren. Dahinter vermutete Maria tausende römischer Legionäre, bis an die Zähne bewaffnet – bereit, jeden Aufstand sofort mit Gewalt im Keime zu ersticken. Noch höher ragten die Mauern der riesigen Anlage des Tempels.

Teil 1: Jesus im Tempel

Die Nachricht, dass Jesus wie ein König in die Stadt eingezogen war, hatte sich wie ein Lauffeuer verbreitet. Jesus war von dem Eselsfohlen gestiegen und ging nun, umringt von der Menschenmenge, den Weg durch die Gassen Jerusalems hinauf zum Tempel. Alle warteten gespannt, was nun geschehen würde. Die Menschen fragten sich: Wer ist das? Was will er? Der Name Jesus von Nazareth machte die Runde. Die Stimmung in der Stadt war angespannt. Als Jesus die Tempelanlage durch das Tor betrat, kam er auf einen großen Platz voller Menschen, den so genannten Vorhof der Heiden. Da die Menschen im Tempel Geld für das Opfer gaben, dafür aber keine Münzen mit dem Bild des Kaisers verwenden sollten, hatten sich schlaue Geschäftsleute auf dem Platz breitgemacht. Sie wechselten das Geld in Münzen ohne Kaiserbild. Allerlei andere Verkaufsstände hatten sich dazugesellt, sodass im Tempelhof ein richtiger Markt entstanden war.

Mit Jesus füllte sich der Platz und alles sah auf den Mann aus Nazareth. Jesus ging zielstrebig auf einen der Stände zu. Der Händler wich erschrocken zurück. Mit einer Bewegung fegte Jesus den Tisch leer und stieß ihn um. Dann erhob er seine Stimme und sagte laut, sodass es auf dem ganzen großen Platz zu hören war: »Mein Haus soll ein Bethaus sein. Ihr aber macht eine Räuberhöhle daraus.«

Die Menge schwieg gebannt. Die Händler verließen erschrocken den Hof. Da drängten sich Menschen zu Jesus durch die Menge, fielen vor ihm auf die Knie und baten ihn, sie zu heilen. Und Jesus heilte einige, denn es waren Blinde und Lahme. Die Priester, die das Ganze mit ansahen, steckten ihre Köpfe zusammen und tuschelten. Und viele Kinder, die Jesus vom Stadttor aus gefolgt waren, jubelten wieder: »Hosianna, rette uns, Sohn Davids.«

Simon beugte den Kopf zu Maria und flüsterte: »Siehst du, jetzt geht's los. Dies ist der Beginn des Aufstands. Erst die Händler im Tempel, dann die betrügerischen Priester, dann kommen die verfluchten Römer dran. Du wirst schon sehen. Heute beginnt der Triumph des von Gott gesalbten Königs.«

Teil 2: Das Abendmahl

Ein paar Tage waren vergangen, seitdem Jesus und die Jünger in Jerusalem eingezogen waren. Das Passafest stand unmittelbar bevor.

»Maria – warte, ich muss mit dir reden.« Maria sah sich um und sah, wie Simon heraneilte. »Ich habe dir nicht geglaubt Maria. Es hat doch alles darauf hingedeutet, dass Jesus sich zum König erheben will. DU hast immer daran gezweifelt.« Maria sah dem ehemaligen Widerstandskämpfer in die Augen. »Was ist mit dir, Simon? Du wirkst ja ganz aufgelöst. Was ist geschehen?«

»Ich weiß es nicht. Mag sein, dass du Recht hattest, Maria. Vielleicht bedeutet alles aber auch genau das Gegenteil.«

Was war es, das diesen entschiedenen Mann so aus dem Gleichgewicht geworfen hatte? Sie setzten sich auf einen Mauervorsprung und Simon begann zu erzählen:

»Hör zu, Maria. Du weißt doch, dass wir zwölf Jünger mit Jesus das Passafest feiern wollten. Wir saßen beim Festmahl. Das Passalamm war zubereitet. Aber während wir aßen, sagte Jesus: ›Wahrlich, ich sage euch: Einer unter euch wird mich verraten.‹«

Maria sah ihn entsetzt an. Verrat. Und das in der Gemeinschaft Jesu, in der die Liebe das oberste Gebot war. »Hör zu, Maria, du kannst dir vorstellen, dass wir alle geschockt waren. Alle sprangen auf und riefen durcheinander. Doch Jesus blieb einfach sitzen und sagte nichts, bis sich alle betrübt wieder niederließen. Jeder fragte sich, wer unter uns ein Verräter sein sollte. Am schlimmsten war der Gedanke, ich selbst könnte Jesus verraten. Ich fragte leise: ›Bin ich's?‹ Andere fragten dasselbe. Doch Jesus sagte: ›Einer, der mit mir die Hand in die Schüssel getaucht, mit mir gegessen hat, wird mich verraten. Es wäre besser für den Verräter, wenn er nie geboren wäre.‹« Maria sah Simon nachdenklich an. Es hörte sich nach einer Katastrophe an, nicht nach dem überwältigenden Sieg, wie ihn Simon erwartet hatte.

»Aber das ist noch nicht alles«, fuhr Simon fort: »Was Jesus dann getan hat, ist mir völlig unbegreiflich. Statt den Verräter bloßzustellen, hat er etwas ganz Merkwürdiges getan. Vielleicht kannst du es mir erklären. Er nahm das Brot, brach es, gab es uns und sagte: Nehmt, das ist mein Leib. Und dann nahm er den Kelch, dankte und gab ihn weiter; und wir tranken alle daraus. Und er sagte: Das ist mein Blut des Bundes, das für viele vergossen wird.«

Das klang geheimnisvoll, fand Maria. Sie sagte: »Ich denke, wir werden bald verstehen, was Jesus damit sagen will. Es sieht mir aber nicht danach aus, als wolle er das Blut anderer vergießen. Deine Hoffnung auf einen kriegerischen Messias wird sich nicht erfüllen. Und ich bin froh darüber.« Simon schaute finster auf den Boden und schwieg. Nach einer Weile sagte er: »Wir werden sehen.«

Da sahen sie, wie Jesus aus dem Haus trat. Er rief die zwölf Jünger zu sich, ihm aus der Stadt in den Garten Gethsemane zu folgen.

Nun erhellte sich Simons Miene. Er sah Maria freudestrahlend, fast kindlich beglückt an und sagte: »Jetzt wird sich alles klären. Jesus wird uns in seine geheimen Pläne einweihen. Heute Nacht wird es geschehen. Heute Nacht beginnt sein geheimer Plan. Du wirst sehen. Wir werden aus dieser Nacht als Sieger hervorgehen.«

Beschwingt folgte er Jesus und den Zwölfen, voller Zuversicht, dass sie die Auserwählten in einer bevorstehenden Schlacht wären.

Maria von Magdala blieb zurück. Und mit ihr die anderen Frauen. Sie wusste, dass sie etwas anderes meinte als Simon. Doch er würde sich täuschen. Über Jesus braute sich Böses zusammen. In der kurzen Zeit, die er in Jerusalem war, hatte er sich viele und mächtige Feinde geschaffen. Heute Nacht würde es geschehen.

SZENE 1
Zuhause bei Zeloten

Mathias und Jered sitzen bei Jereds Schwiegermutter Judith in der Küche. Die Frau bereitet am Ofen eine Getreidesuppe zu. Aus der Asche riecht es nach den fast fertigen Fladenbroten.

Mathias: Hast du eine Ahnung, was die anderen planen? Wir können doch dieses Jahr nicht schon wieder Passa verstreichen lassen und nur den einen oder anderen Römer in den Gassen niederstechen. Das ist zwar gut, führt aber zu nichts.

Jered: Du bist ein Hitzkopf. Man muss auch warten können. Wenn der Messias kommt, geht es los. Vorher nicht.

Mathias: So ein Unsinn. Wir müssen eben selbst einen zum Messias erheben. Wenn so viele Juden in der Stadt sind, dürfte es doch ein leichtes sein, die Römer vernichtend zu schlagen. Stattdessen geben wir uns mit einzelnen Römern ab. So ein Blödsinn, reine Zeitverschwendung.

Judith: Ihr habt mal wieder nichts anderes zu tun, als Aufstand und Krieg zu planen. Jered, gib mir mal den Wasserkrug. Sagt mal, habt ihr eigentlich nicht gehört, was in der Stadt los ist?

Jered: Was soll schon los sein. Passah ist.

Mathias: Nichts ist los. Das ist ja das Problem. Keine befreiende Tat. Keiner traut sich wirklich, offen gegen die verfluchten Römer und deren Freunde, die verdammten Hohenpriester, aufzustehen.

Judith: Ihr habt es also noch nicht gehört.

Jered: Nun sag schon. Was weißt du, was wir nicht wissen?

Judith: Das ist mal wieder typisch Mann. Die ganze Zeit nur Krieg und Gewalt im Kopf. Aber wenn wirklich was Interessantes passiert …

Mathias: Na hör mal, wir wollen Israel befreien und ein Reich von Gerechtigkeit und Frieden errichten …

Judith: Mit dem Schwert – Frieden, ha ha. Blind seid ihr. Und taub obendrein. Also passt mal auf: Meine Nachbarin, die Frau von Jojachim aus der Unteren Gasse, die war heute im Tempel. Sie wollte Geld wechseln, um ein Opferlamm zu kaufen …

Mathias: Diese verfluchten Geldwechsler! Arbeiten den Priestern in die Tasche. Die verdienen sich einen goldenen Bart mit der Geldwechslerei. Aus dem Tempel rausschmeißen sollte man die …

Judith: Jetzt hört doch mal zu. Genau das ist passiert. Ein Pilger aus Galiläa ist in den Tempelvorhof gegangen, hat die Tische der Geldwechsler umgeschmissen und die Händler vertrieben. War wohl ein Riesentumult, der dann losbrach. Er soll die Menschen sogar geheilt haben.

Jered: Tatsächlich? Interessant! Ein mutiger Mann. Sag Judith, weißt du, wie er heißt? Solche Leute brauchen wir. Vielleicht ist es ja der Messias. Wer weiß.

Judith: Die Nachbarin hat gemeint, er hieße Jesus und käme aus Nazareth.

Mathias: Ha – hab' ich's mir doch gedacht. Vergesst den Typ. Das ist ein Weichei und Verräter. Mit dem könnt ihr nichts gegen die Römer machen. Von dem habe ich schon gehört. Der predigt, man solle seine Feinde lieben. So ein Schwachsinn. Lieben sollen wir die Hohenpriester, womöglich noch die Römer. Was der sich denkt!

Judith: Na ja – vielleicht hat er's ja gar nicht so gemeint.

Mathias: Doch, doch, das ist so ein Friedensapostel. Manche meinen tatsächlich, er sei der Messias, aber das ist Blödsinn. Er ist ein Schwätzer, der nichts gegen die Unterdrückung Israels tun will und den Leuten noch predigt, sie sollen sich alles gefallen lassen. Ich stelle mir den Messias anders vor.

Jered: Na – jedenfalls hat er Mut. Immerhin hat er sich im Tempel echt was getraut.

Mathias: Wenn er nicht für uns ist, ist er gegen uns. Punkt.

Jered: Wahrscheinlich hast du Recht. Lass uns überlegen, wo wir morgen einen Anschlag planen.

Judith: Nichts da! Jetzt gibt's erst was zu essen. Wo bleibt eigentlich dein versoffener Bruder Noach?

Jered: Keine Ahnung. Fangen wir ohne ihn an. Schließlich wollen wir heute Nacht noch auf die Straße. Der Messias lässt uns noch warten. Aber vielleicht können wir heute Nacht noch für ein wenig Aufruhr sorgen. Wenn wir an der richtigen Stelle einen Aufruhr lostreten, dann bricht eine Lawine los und begräbt die Römer und Hohenpriester unter sich. Heute Nacht wäre der richtige Zeitpunkt. Heute Nacht wird sich vielleicht das Schicksal Israels entscheiden. Guten Appetit.

SZENE 2
Bei den Sadduzäern brennt noch Licht

Drei Priester, die zur Gruppierung der reichen und mächtigen Sadduzäer gehören, sitzen noch in den Räumen des Hohenrats. Sie halten eine Krisensitzung.

Samuel: Das war mal wieder ein Tag. Meine Nerven. Die Wallfahrtsfeste sind mir einfach langsam zu stressig. Ständig die Angst, irgendein Vollidiot fängt Stress mit den Römern an.

Benjamin: Du hast Recht. Wenn einer in dieser überfüllten Stadt loslegt, dann haben wir's. Wir sitzen auf einem Pulverfass.

Aaron: Du sagst es. Ich habe heute meinen Augen nicht getraut. Kommt doch so verblödeter Bauerntölpel aus der Provinz, wahrscheinlich auch noch barfüßig, in den Tempel spaziert und schmeißt die Tische um, ekelt die Geldwechsler aus dem Tempelvorhof und meint auch noch, er würde sich mit der Verehrung Gottes besser auskennen als wir. Die Leute nennen ihn Davidssohn, als wäre er der Messias. Manche Leute sehen einfach nicht die Notwendigkeiten – Himmelstänzer und Unruhestifter! Wie kleine Kinder führen sich unsere Landsleute auf, wie Kinder, die zündeln, bis die Stadt brennt und ein Aufstand losbricht.

Samuel: Die Geldwechsler sind wichtig für uns. Schließlich nehmen sie für uns beim Wechseln das Geld ein, das es uns ermöglicht, unsere Frauen angemessen zu bekleiden. Ich sage nur: Vorsicht! Wie heißt der Mann? Wir müssen ihn festsetzen.

Aaron: Jesus nennen ihn die Leute, Jesus von Nazareth. Du musst mit Kaiphas, dem Chef des Hohenrats sprechen. Du hast den besten Draht zu ihm. Sag mal, was ist das für ein Lärm? Geht der Aufstand schon los?

Benjamin *(geht zum Fenster und schaut nach unten auf die Gasse)*: Nein, keine Sorge. Das ist nur Noach. Er ist mal wieder besoffen. Einer von den Bekannten von Ruth aus der unteren Gasse. Meine Frau kennt ihn. Er grölt und schreit, aber er ist harmlos. – Hör zu, Samuel: Sage Kaiphas, er soll diesen Jesus festnehmen, bevor der einen Aufruhr anzettelt. Der ist nicht so harmlos. Die Zeloten warten nur auf einen Anlass um gegen die Römer loszuschlagen. Wenn sie von einem hören, den das Volk Messias nennt, dann werden sie losschlagen. Diese Messiashysterie kann

unser Untergang sein. Und du weißt ja, dass die Zeloten, diese Fanatiker, uns fast noch mehr hassen als die Römer.

Samuel: Ich hab's schon kapiert. Ich werde mit Kaiphas sprechen. Nur: Auch Kaiphas hat letztlich keine Macht über ihn. Er kann ihn zwar festhalten. Aber zum Tode verurteilen dürfen wir ihn nicht. Das dürfen nur die Römer.

Aaron: Dann müsst ihr ihn eben bei den Römern anschwärzen. Da wird sich schon ein Grund finden. Schließlich wollen die auch nichts anderes als wir: Ruhe und Ordnung. Wisst ihr: Wenn wir diese Nacht durchstehen (kann nicht mal jemand diesen Noach zur Ruhe bringen), dann haben wir schon die halbe Miete: Dieses Passa mit den Unmengen von Pilgern wird uns reich machen. Ich brauche das Geld für mein neues Stadthaus in der Hochstraße und die Haussklaven. Also: Jemand muss diesen Jesus erwischen, ohne dass ein Aufstand losbricht. Das muss sich doch irgendwie machen lassen.

Benjamin: Wird gar nicht so einfach sein, Jesus festzunehmen. Er hat ständig seine Anhänger um sich. Und die Aufmerksamkeit der Öffentlichkeit ist ihm sicher. Die Leute haben ihn in Jerusalem empfangen, als wäre er – der Messias.

Samuel: Der Messias? Mein Gott. Manchmal schäme ich mich fast für unsere Landsleute. Brauchen einen Superhelden. Man muss die Dinge nehmen, wie sie sind. Nicht auf die Hilfe Gottes hoffen, sondern selbst zulangen. Hilf dir selbst, dann hilft dir Gott. Was brauchen wir einen Messias? Davon reden die Pharisäer die ganze Zeit. Zum Glück sind die im Hohen Rat in der Minderheit. Die würden uns noch das Dach über dem Kopf abreißen. Messias – die Zeiten sind vorbei, als David als großer König über die Juden regiert hat. Heute herrschen die Römer. Die Sache ist doch ganz einfach. Wir brauchen einen Verräter. Einer aus dem engsten Kreis von diesem Jesus muss uns verraten, wo wir ihn festnehmen können, ohne dass gleich ein Aufstand losbricht.

Aaron: Es muss sein. Wenn wir heute Nacht nichts tun, dann kann es zu spät sein. Es gilt. Unsere Macht, unser Vermögen, unsere Familien stehen auf dem Spiel. Benjamin, du musst etwas tun.

Benjamin: Ja. Heute Nacht entscheidet es sich.

SZENE 3
Pharisäer sorgen sich

Eine Frau steht in der Küche und bereitet das Essen. Es riecht gut. Drei Männer sitzen im Hinterzimmer um einen einfachen, groben Holztisch und schauen sich ernst an. Ein Mann torkelt zur Tür hinein: Noach.

Noach: Na, ihr alten Schwerenöter. Habt ihr mir ein Schlückchen. Ich sitze nun schon seit einer halben Stunde auf dem Trockenen. Mann, die geizigen Sadduzäer haben mir nichts – Hicks – zum Saufen geben wollen. Die Geldsäcke, verdammt. Aber ihr seid doch nicht so, oder? Ihr wisst doch, dass man den Armen geben soll. Das sagt auch dieser Jesus. Das ist doch auch einer von euch, oder? Cooler Typ. Hat im Tempel voll die Show abgezogen. Spitzenmäßig.

Nehemia: Ach Noach. Du alte Suffnase. Geh ins Nebenzimmer zu Batseba. Sie soll dir einen Becher Wein geben.

Noach: Danke Mann, du bist echt der Beste. Komm, lass dich drücken, mein großzügiger Wohltäter.

Nehemia: Ist schon gut. Nun mach dich schon vom Acker. *(Noach torkelt in den Nebenraum)*. Ach dieser Noach. Aber sagt mal, was hat es mit dieser Tempelgeschichte auf sich? Habt ihr davon etwas gehört?

Esra: Jesus hat sich gegen den Hohenpriester gestellt. Er hat die Tische der Geldwechsler im Tempel umgeschmissen und denen gesagt, dass das Haus Gottes ein Bethaus sein solle und keine Räuberhöhle. Das ist doch ganz in unserem Sinne.

Nehemia: Ich weiß, du findest diesen Jesus toll. Aber du bist naiv. Niemand stellt sich ungestraft gegen die Sadduzäer. Wir haben eine Minderheit im Hohen Rat. Wir werden ihn sicherlich nicht schützen können. Der Hohe Rat wird ihn anklagen und verurteilen. Da ist es nicht bewundernswert, sondern dumm, sich so offen gegen die Sadduzäer zu stellen.

Esra: Du hast schon Recht. Trotzdem. Es ist sehr schade, dass wir Jesus nicht von unserer Sache überzeugen konnten. Wir haben viel mit ihm gemeinsam und er wäre ein echter Gewinn. Die Menschen verehren ihn und ich finde auch, dass von ihm ein Zauber ausgeht, der mich berührt.

Micha: Ha – von wegen Gemeinsamkeiten. Die Gesetze bricht er, wo er kann. Allein dadurch, dass er sich gegen unsere Feinde stellt, ist er noch nicht unser Freund. Wer mit Zöllnern isst und den Sabbat bricht, der ist nicht mein Freund. So wird der Messias nicht kommen.

Esra: Und wenn er der Messias ist? Wer weiß! Viele halten ihn für den Messias. Die Menschen haben ihn begrüßt wie einen König. Sie haben ihre Kleider vor ihm auf den Boden geworfen. Er selbst ist auf einem Esel eingeritten, wie der Prophet es uns vom Friedefürsten sagt: Voller Bescheidenheit und Demut – zugleich aber gerade deshalb königlich.

Nehemia: Nun höre schon auf mit deiner Schwärmerei. Wir sollten allein schon aus politischen Gründen die Finger von Jesus lassen. Ich sage ja nicht, dass wir etwas gegen ihn unternehmen sollen. Obwohl mir vieles auch nicht passt. Da geht es mir wie Micha. Aber selbst wenn wir völlig mit ihm übereinstimmten: Wir dürften dies auf keinen Fall offen zeigen. Wenn er einen Aufstand lostritt, werden wir die ersten sein, gegen die Sadduzäer vorgehen werden. Ich habe jedenfalls keine Lust, gekreuzigt zu werden.

Esra: Aber Nehemia, wie kommst du denn auf so etwas? Der Hohe Rat lässt doch niemanden kreuzigen. Das ist doch eine römische Strafe. Und die Römer interessieren sich nicht im Geringsten für Religion. Sie wollen nur ihre Ruhe.

Nehemia: Ich habe das im Gefühl, es bahnt sich etwas Schlimmes an heute Nacht. Warte ab. Du wirst schon sehen, was ich meine.

SZENE 4
Erschöpfte Römer in der Umkleide

Ein langer, harter Arbeitstag geht zu Ende. Drei römische Legionäre sitzen erschöpft in einem Umkleideraum der Burg Antonia.

Gaius: Ich hasse diese Stadt. Wenn es wenigstens ein wenig Kultur hier gäbe. In Massilia, wo ich herkomme, da kann man wenigstens gepflegt Essen gehen. Und fließend Wasser haben wir auch. Jerusalem sieht zwar prächtig aus, aber es stinkt und ist unzivilisiert.

Marcus: Ich besitze einen kleinen Bauernhof am Rhein in Germanien. Dort haben wir auch kein fließendes Wasser. Aber es ist nicht so heiß und trocken wir hier.

Publius: Wisst ihr, ich finde das alles gar nicht so schlimm. Jerusalem wäre so schön, wenn hier Ruhe wäre. Die ganzen Pilger sind so laut und anstrengend.

Gaius: Du sagst es. Jerusalem ist so schon schlimm genug. Aber zum Passafest ist es wirklich eine Katastrophe. Eben erst musste ich einen besoffenen Juden von der Straße auflesen. Er hat mich beschimpft wie ein Rohrspatz einen Adler. No… irgendwas hieß er. Ich kann mir diese Namen nicht merken. Ich habe ihn laufen lassen, da hat er mir hinterher gerufen, in fürchterlichem Griechisch übrigens, seine Brüder würden mich schon kriegen. Ich wollte mir ihn wieder vornehmen, da war er schon weg.

Publius: Verdammt. Diese verfluchten Meuchelmörder. Erst gestern haben sie meinen Freund Antonius erdolcht. Er hatte eine Frau und zwei Kinder. Ich hasse diese ganze Meute. In dunklen Gassen lauern sie uns auf. Du hast keine Chance gegen sie.

Marcus: Du hast Recht. Wären wir keine Römer, dann würden wir uns verkriechen vor Angst. Wir sitzen auf einem verfluchten Pulverfass. Der geringste Funke kann das Ding in die Luft gehen lassen. Es liegt was in der Luft. Ich spüre das. Würde mich nicht wundern, wenn die Juden noch heute Nacht einen Aufstand lostreten.

Gaius: Ich habe auch schon gedacht: Jetzt ist es so weit. Im Tempel hat so ein abgerissener Typ vom Land die Stände der Geldwechsler umgestoßen. Ein Unruhestifter. Es gab sofort einen riesigen Menschenauflauf. Wie durch ein Wunder hat sich die Unruhe nicht fortgesetzt. Solche Leute müsste man gleich erwischen und einsperren. Aber Pilatus ist vorsichtig. Er will nicht, dass wir im Tempel eingreifen.

Publius: Ich habe auch von dem Vorfall gehört. Ein Mann namens Jesus. Sie sagen, er sei in die Stadt eingezogen wie ein König. Ich habe gehört, dass er zum Abschuss frei steht. Ist doch auch klar: Einen, der sich zum König erheben will, kann Pilatus in der Stadt nicht dulden. Kaiser Tiberius würde ihm was erzählen, wenn die Juden einen neuen König erheben. Die Aufständischen suchen doch nur nach einem Anführer.

Marcus: Seid gewiss, noch heute Nacht werden sie sich diesen Jesus schnappen. Alles andere wäre zu riskant. Geht noch jemand mit auf einen Wein? Ich kann ein Schlückchen vertragen.

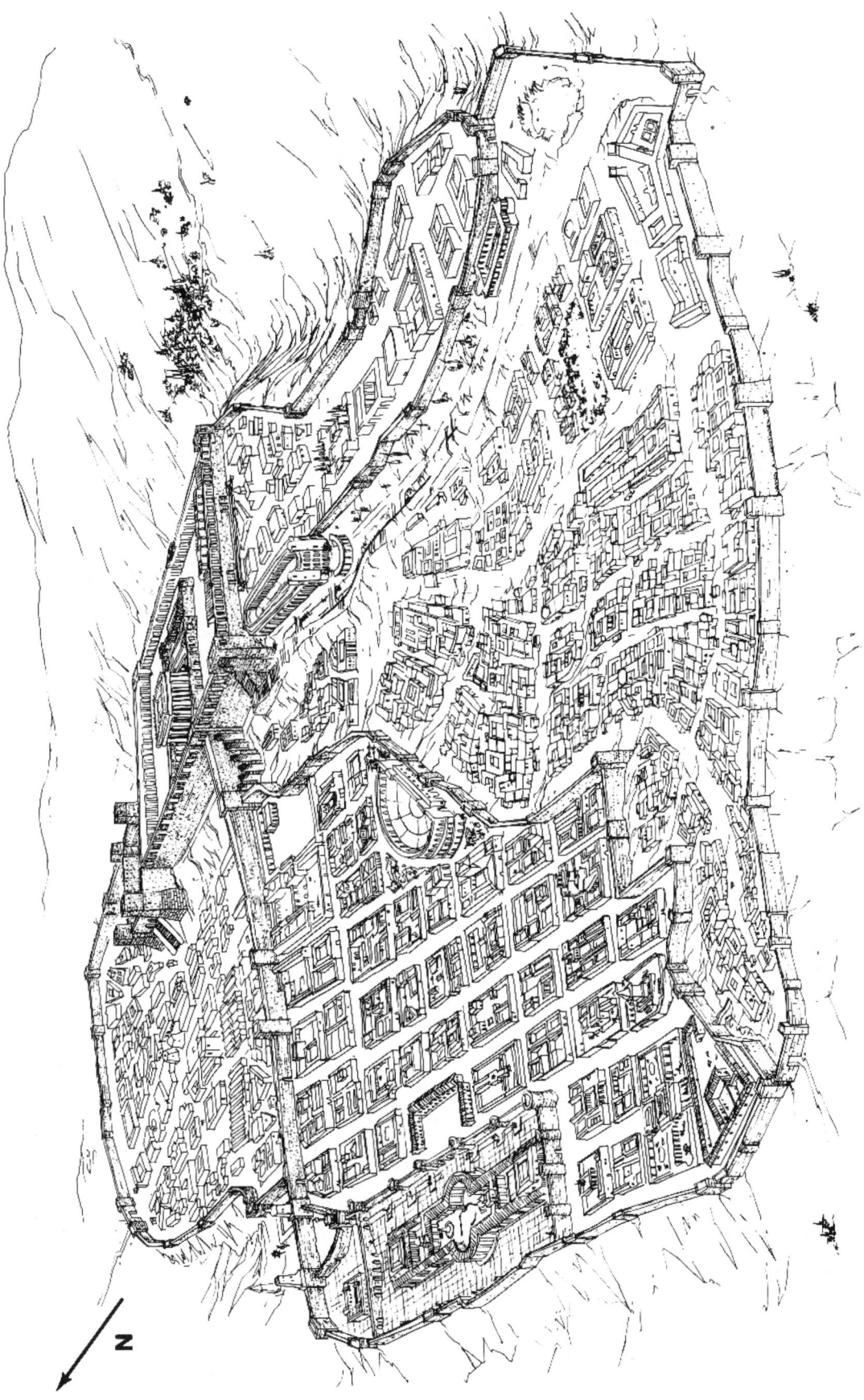

Z

J-Man rettet die Erde

(gezeichnet von Julia Warlitz, Klasse 12)

Der extragalaktische Planet „Magna Mater", der für den Frieden im Weltall sorgt, hat den Agenten J-Man in die Galaxie „Milchstraße" entsandt, damit er den kleinen Planeten Erde rettet, der von einem fiesen Bakterium befallen ist.

J-Man hat drei Jahre lang alle Bakterien in seinen Körper gelockt und will sie jetzt vernichten, indem er seine irdische Körperhülle durch Feuer sterben lässt. In den drei Jahren hat er einen Kreis von Freunden um sich gesammelt, denen er beigebracht hat, wie sie die Erde vor zukünftigem Bakterienbefall schützen können. Mehr noch hat er sich aber Feinde gemacht, die seinen Warnungen keinen Glauben schenken und die ihn jetzt als Hexer verbrennen wollen. Das passt J-Man ganz gut – er braucht schließlich öffentliche Aufmerksamkeit für seine große Mission …

In der Nacht vor seiner Hinrichtung spricht J-Man mit Big Boss, dem Herrscher von Magna Mater. Sie besprechen noch einmal die Details, wie J-Man kurz vor der Verbrennung aus dem menschlichen Körper heraus und zurück nach Magna Mater gebeamt werden soll.

J-Man ist bei seinen Freunden, als die Feinde mit Soldaten nahen, um ihn gefangen zu nehmen.

Er vernichtet einen Feind kurzerhand mit einem Laserstrahl.

Jesus wird von den Römern gekreuzigt
(Ausschnitte aus Mk 14f; Lk 22f)

Es waren nur noch wenige Tage bis zum Passafest. Dieses Fest nennen die Juden auch das
›Fest der ungesäuerten Brote‹. Nach wie vor suchten die Hohenpriester und Schriftgelehrten
nach einer Gelegenheit, Jesus heimlich umzubringen; denn sie hatten Angst, dass es sonst zu
Unruhen im Volk kommen würde.

Text:

Bild:

Die Freunde folgen J-Man geschlossen.

J-Man wird vor die Inquisitorin gebracht.

Die Leute haben sich vor dem Gerichtsgebäude versammelt und fordern lautstark, dass J-Man freigelassen wird.

Die Bewacher versuchen, J-Man zu schlagen, doch die Schläge prallen wie an einer unsichtbaren Wand ab und die Bewacher reiben sich die schmerzenden Hände.

Danke, Boss!

J-Man sieht, wie ein Esel mühsam einen Karren Holz für den Scheiterhaufen herbeizieht. Zack, sprengt er seine Ketten und trägt den Karren samt Esel herüber. Die Leute lachen.

Die Inquisitorin spottet unter dem Scheiterhaufen. Aber nicht lange ...

Ha, wenn du die ganze Welt retten kannst, warum steigst du dann nicht vom Scheiterhaufen und rettest dich selbst? Oder warum hilft dir dein toller Superchef nicht?

Weil ich nicht will! Aber du leistest mir doch bestimmt Gesellschaft!

81

Plötzlich hängt die Inquisitorin
auf der Rückseite der Leiter und schreit
fürchterlich.

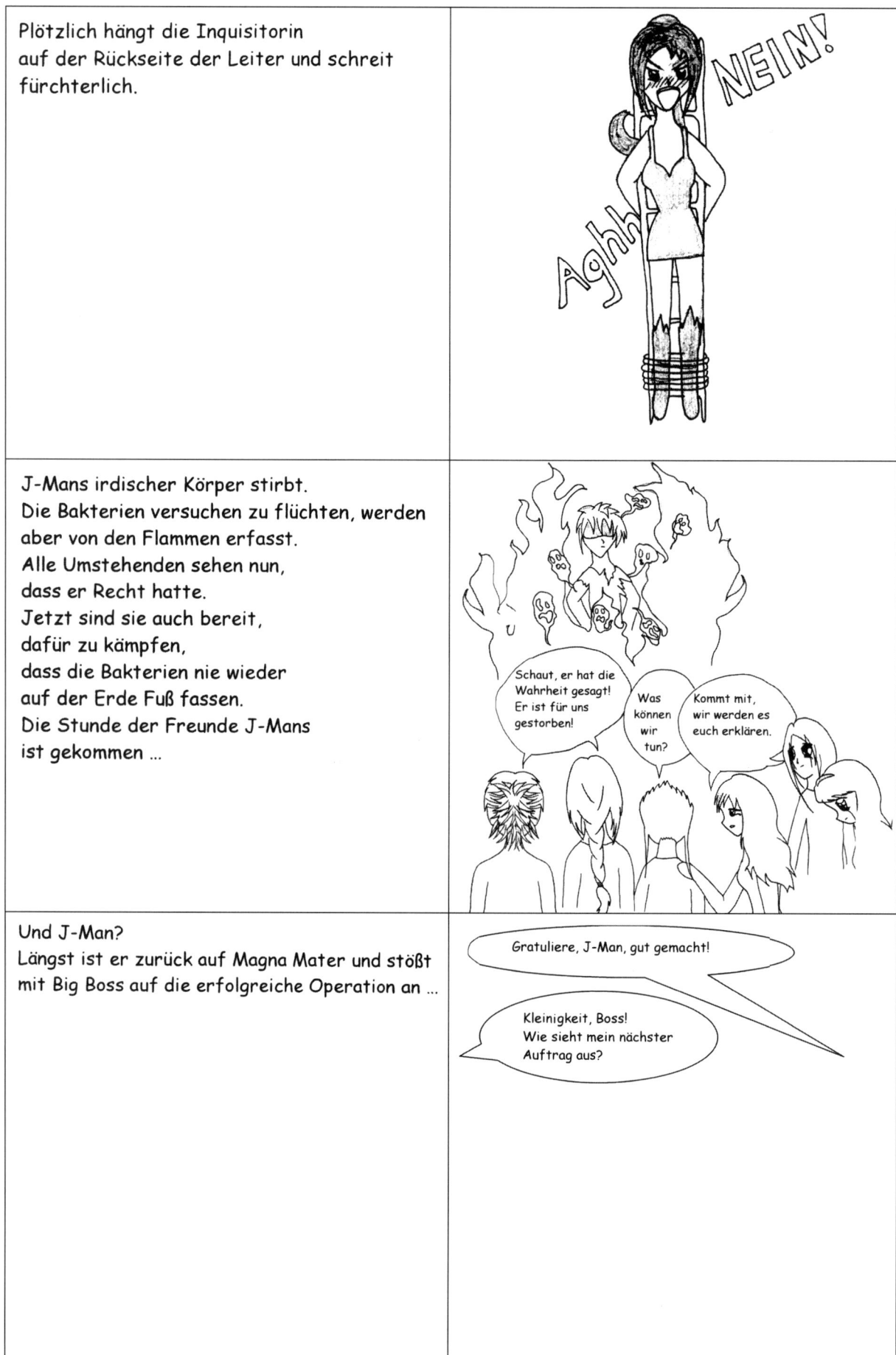

J-Mans irdischer Körper stirbt.
Die Bakterien versuchen zu flüchten, werden
aber von den Flammen erfasst.
Alle Umstehenden sehen nun,
dass er Recht hatte.
Jetzt sind sie auch bereit,
dafür zu kämpfen,
dass die Bakterien nie wieder
auf der Erde Fuß fassen.
Die Stunde der Freunde J-Mans
ist gekommen ...

Und J-Man?
Längst ist er zurück auf Magna Mater und stößt
mit Big Boss auf die erfolgreiche Operation an ...

- Teile den Text in Abschnitte, die zu den Bildern der J-Man-Geschichte passen.
- Überprüfe deine Markierungen anschließend in der Arbeitsgruppe.
- Schneide, sobald ihr euch auf die Abschnitte geeinigt habt, diese aus und klebe sie neben den J-Man-Text in die leere Spalte. (*Achtung*: Manchmal gibt es keine biblische Parallele. Dann bleibt das Textfeld frei.)

Begleitet von seinen Jüngern, ging Jesus nach dem Abendmahl hinaus zum Ölberg. Nicht weit von seinen Jüngern entfernt kniete Jesus nieder und betete: »Vater, wenn es möglich ist, bewahre mich vor diesem Leiden. Aber nicht was ich will, sondern was du willst, soll geschehen.« Jesus litt Todesängste und betete so eindringlich, dass sein Schweiß wie Blut auf die Erde tropfte. Als er dann zu seinen Jüngern zurückkehrte, schliefen sie, erschöpft von ihren Sorgen und ihrer Trauer. »Ihr dürft jetzt nicht schlafen«, rüttelte Jesus sie wach. »Steht auf und betet, damit ihr der Versuchung widersteht!« Noch während Jesus das sagte, kam ein Trupp Männer auf sie zu. Sie wurden von Judas, einem der zwölf Jünger, angeführt. Judas ging zu Jesus, um ihn mit einem Kuss zu begrüßen. Aber Jesus fragte ihn: »Judas, willst du den Menschensohn mit einem Kuss verraten?« Jetzt hatten auch die anderen Jünger begriffen, was hier vorging. Aufgeregt riefen sie: »Herr, sollen wir uns wehren?« Einer von ihnen zog auch gleich das Schwert und schlug auf einen Soldaten des Hohenpriesters ein. Er hieb ihm das rechte Ohr ab. Aber Jesus befahl: »Hört auf damit!« Er berührte das Ohr des Mannes und heilte ihn. Dann fragte Jesus die Hohenpriester, die Anführer der Tempelpolizei und die Führer des Volkes, die alle mitgekommen waren: »Bin ich denn ein Verbrecher, dass ihr euch mit Schwertern und Knüppeln bewaffnet habt, um mich zu verhaften? Warum habt ihr mich nicht im Tempel festgenommen? Ich war schließlich jeden Tag dort!« Entsetzt verließen ihn jetzt alle Jünger und flohen. Die Soldaten aber verhafteten Jesus und führten ihn zum Palast des Hohenpriesters. Am frühen Morgen schlossen die Hohenpriester, die Führer des Volkes, die Schriftgelehrten und der ganze Gerichtshof ihre Beratungen ab und trafen ihre Entscheidung. Jesus wurde gefesselt zu Pilatus, dem römischen Gouverneur, gebracht. Pilatus fragte ihn: »Bist du der König der Juden?« »Ja«, antwortete Jesus, »ich bin es.« Die Hohenpriester brachten noch andere schwere Anklagen gegen ihn vor. »Antworte doch!« forderte ihn Pilatus auf. »Willst du dich nicht verteidigen? Hörst du nicht, wie schwer sie dich beschuldigen?« Aber Jesus sagte kein Wort. Darüber wunderte sich Pilatus sehr.

Nun war es üblich, dass Pilatus jedes Jahr zum Passahfest einen Gefangenen begnadigte, den das Volk selbst auswählen durfte. Bei politischen Unruhen war kürzlich jemand ermordet worden. Zusammen mit den Anführern dieses Aufstandes hatte man einen Mann, der Barabbas hieß, gefangen genommen. Vor dem Palast des Pilatus forderte jetzt eine große Menschenmenge die Freilassung eines Gefangenen. »Was meint ihr? Soll ich euch den ›König der Juden‹ freigeben?« fragte Pilatus. Aber die Hohenpriester hetzten das Volk auf, die Freilassung des Barabbas zu verlangen. Pilatus fragte zurück: »Und was soll mit dem Mann geschehen, den man euern König nennt?« Da brüllten sie alle: »Ans Kreuz mit ihm!« Weil Pilatus sich fürchtete, gegen diese aufgebrachte Volksmenge zu entscheiden, gab er Barabbas frei. Jesus aber ließ er auspeitschen und zur Kreuzigung abführen. Die römischen Soldaten brachten Jesus in den Hof des Palastes. Dort riefen sie die ganze Mannschaft zusammen. Sie zogen ihm einen roten Mantel an, damit er wie ein König aussehen sollte, flochten einen Kranz aus Dornenzweigen und drückten ihm den als Krone auf den Kopf. Dann nahmen sie Haltung an und grüßten Jesus voller Hohn: »Es lebe der König der Juden!« Mit einem Stock schlugen sie Jesus auf den Kopf, spuckten ihn an und knieten vor ihm nieder, um ihn zu verspotten. Als sie davon genug hatten, zogen sie ihm den roten Mantel wieder aus und gaben ihm seine eigenen Kleider zurück. Jetzt führten sie ihn zur Kreuzigung ab. Unterwegs begegnete ihnen Simon aus Kyrene. Er kam gerade von seinem Feld zurück, als ihn die Soldaten zwangen, das Kreuz zu tragen. Sie brachten Jesus nach Golgatha; das bedeutet Schädelstätte. Es war neun Uhr morgens, als sie ihn kreuzigten. Über ihm wurde ein Schild angebracht, auf dem man lesen konnte, weshalb er verurteilt worden war. Darauf stand: »Der König der Juden!« Die Leute, die am Kreuz vorübergingen, beschimpften ihn und spotteten: »So! Den Tempel wolltest du zerstören und ihn in drei Tagen wieder aufbauen? Jetzt rette dich selber und komm vom Kreuz herunter!« Auch die Hohenpriester und die Schriftgelehrten standen voller Schadenfreude unter dem Kreuz und verhöhnten Jesus: »Anderen hat er geholfen, aber sich selbst kann er nicht helfen! Dieser Messias, dieser König von Israel, soll er doch vom Kreuz heruntersteigen! Dann wollen wir an ihn glauben.« Am Mittag wurde es plötzlich im ganzen Land dunkel. Diese Finsternis dauerte drei Stunden. Gegen drei Uhr rief Jesus laut: »Eli, Eli, lama sabachthani?« Das heißt: »Mein Gott, mein Gott, warum hast du mich verlassen?« Dann schrie er laut auf und starb. Erschüttert bekannte der römische Hauptmann, der neben dem Kreuz stand und mit angesehen hatte, wie Jesus starb: »Dieser Mann ist wirklich Gottes Sohn gewesen!« Einige Frauen hatten alles, was geschah, aus der Ferne beobachtet. Unter ihnen waren Maria aus Magdala und Maria, die Mutter von Jakobus dem Jüngeren, sowie Salome.

Bild 1
Begleitet von seinen Jüngern, ging Jesus nach dem Abendmahl hinaus zum Ölberg. Nicht weit von seinen Jüngern entfernt kniete Jesus nieder und betete: »Vater, wenn es möglich ist, bewahre mich vor diesem Leiden. Aber nicht was ich will, sondern was du willst, soll geschehen.« Jesus litt Todesängste und betete so eindringlich, dass sein Schweiß wie Blut auf die Erde tropfte. Als er dann zu seinen Jüngern zurückkehrte, schliefen sie, erschöpft von ihren Sorgen und ihrer Trauer. »Ihr dürft jetzt nicht schlafen«, rüttelte Jesus sie wach. »Steht auf und betet, damit ihr der Versuchung widersteht!«

Bild 2
Noch während Jesus das sagte, kam ein Trupp Männer auf sie zu. Sie wurden von Judas, einem der zwölf Jünger, angeführt. Judas ging zu Jesus, um ihn mit einem Kuss zu begrüßen. Aber Jesus fragte ihn: »Judas, willst du den Menschensohn mit einem Kuss verraten?«
Jetzt hatten auch die anderen Jünger begriffen, was hier vorging. Aufgeregt riefen sie: »Herr, sollen wir uns wehren?« Einer von ihnen zog auch gleich das Schwert und schlug auf einen Soldaten des Hohenpriesters ein. Er hieb ihm das rechte Ohr ab. Aber Jesus befahl: »Hört auf damit!« Er berührte das Ohr des Mannes und heilte ihn. Dann fragte Jesus die Hohenpriester, die Anführer der Tempelpolizei und die Führer des Volkes, die alle mitgekommen waren: »Bin ich denn ein Verbrecher, dass ihr euch mit Schwertern und Knüppeln bewaffnet habt, um mich zu verhaften? Warum habt ihr mich nicht im Tempel festgenommen? Ich war schließlich jeden Tag dort!«

Bild 3
Entsetzt verließen ihn jetzt alle Jünger und flohen.

Bild 4
Die Soldaten aber verhafteten Jesus und führten ihn zum Palast des Hohenpriesters.
Am frühen Morgen schlossen die Hohenpriester, die Führer des Volkes, die Schriftgelehrten und der ganze Gerichtshof ihre Beratungen ab und trafen ihre Entscheidung. Jesus wurde gefesselt zu Pilatus, dem römischen Gouverneur, gebracht. Pilatus fragte ihn: »Bist du der König der Juden?« »Ja«, antwortete Jesus, »ich bin es.« Die Hohenpriester brachten noch andere schwere Anklagen gegen ihn vor. »Antworte doch!« forderte ihn Pilatus auf. »Willst du dich nicht verteidigen? Hörst du nicht, wie schwer sie dich beschuldigen?« Aber Jesus sagte kein Wort. Darüber wunderte sich Pilatus sehr.

Bild 9 und 11 ohne biblische Parallele

Bild 5
Nun war es üblich, dass Pilatus jedes Jahr zum Passahfest einen Gefangenen begnadigte, den das Volk selbst auswählen durfte. Bei politischen Unruhen war kürzlich jemand ermordet worden. Zusammen mit den Anführern dieses Aufstandes hatte man einen Mann, der Barabbas hieß, gefangen genommen. Vor dem Palast des Pilatus forderte jetzt eine große Menschenmenge die Freilassung eines Gefangenen. »Was meint ihr? Soll ich euch den ›König der Juden‹ freigeben?« fragte Pilatus. Aber die Hohenpriester hetzten das Volk auf, die Freilassung des Barabbas zu verlangen. Pilatus fragte zurück: »Und was soll mit dem Mann geschehen, den man euern König nennt?«
Da brüllten sie alle: »Ans Kreuz mit ihm!« Weil Pilatus sich fürchtete, gegen diese aufgebrachte Volksmenge zu entscheiden, gab er Barabbas frei. Jesus aber ließ er auspeitschen und zur Kreuzigung abführen.

Bild 6
Die römischen Soldaten brachten Jesus in den Hof des Palastes. Dort riefen sie die ganze Mannschaft zusammen. Sie zogen ihm einen roten Mantel an, damit er wie ein König aussehen sollte, flochten einen Kranz aus Dornenzweigen und drückten ihm den als Krone auf den Kopf. Dann nahmen sie Haltung an und grüßten Jesus voller Hohn: »Es lebe der König der Juden!« Mit einem Stock schlugen sie Jesus auf den Kopf, spuckten ihn an und knieten vor ihm nieder, um ihn zu verspotten. Als sie davon genug hatten, zogen sie ihm den roten Mantel wieder aus und gaben ihm seine eigenen Kleider zurück. Jetzt führten sie ihn zur Kreuzigung ab.

Bild 7
Unterwegs begegnete ihnen Simon aus Kyrene. Er kam gerade von seinem Feld zurück, als ihn die Soldaten zwangen, das Kreuz zu tragen. Sie brachten Jesus nach Golgatha; das bedeutet Schädelstätte. Es war neun Uhr morgens, als sie ihn kreuzigten. Über ihm wurde ein Schild angebracht, auf dem man lesen konnte, weshalb er verurteilt worden war. Darauf stand: »Der König der Juden!«

Bild 8
Die Leute, die am Kreuz vorübergingen, beschimpften ihn und spotteten: »So! Den Tempel wolltest du zerstören und ihn in drei Tagen wieder aufbauen? Jetzt rette dich selber und komm vom Kreuz herunter!« Auch die Hohenpriester und die Schriftgelehrten standen voller Schadenfreude unter dem Kreuz und verhöhnten Jesus: »Anderen hat er geholfen, aber sich selbst kann er nicht helfen! Dieser Messias, dieser König von Israel, soll er doch vom Kreuz heruntersteigen! Dann wollen wir an ihn glauben.«

Bild 10
Am Mittag wurde es plötzlich im ganzen Land dunkel. Diese Finsternis dauerte drei Stunden. Gegen drei Uhr rief Jesus laut: »Eli, Eli, lama sabachthani?« Das heißt: »Mein Gott, mein Gott, warum hast du mich verlassen?« Dann schrie er laut auf und starb.
Erschüttert bekannte der römische Hauptmann, der neben dem Kreuz stand und mit angesehen hatte, wie Jesus starb: »Dieser Mann ist wirklich Gottes Sohn gewesen!« Einige Frauen hatten alles, was geschah, aus der Ferne beobachtet. Unter ihnen waren Maria aus Magdala und Maria, die Mutter von Jakobus dem Jüngeren, sowie Salome.

Jesus betet, bevor die Soldaten kommen.

Jesus wird verraten und gefangen genommen.

Die Jünger ergreifen die Flucht.

Jesus wird von Pilatus verhört.

Die Menschenmenge verlangt den Tod Jesu.

Die Soldaten verspotten und schlagen Jesus.

Jesus kann das Kreuz nicht mehr tragen.

Die Zuschauer verspotten den gekreuzigten Jesus.

Jesus stirbt qualvoll und einsam.

Es war dunkel. Keiner hatte Licht gemacht in der einfachen Behausung, in der sie untergekommen waren, besser gesagt: in der sie sich verkrochen hatten. Keiner redete. Keiner hatte eine Erklärung. Viele der Männer, die mit ihnen nach Jerusalem gezogen waren, waren nicht mehr da, jedenfalls hatte sie sie heute nicht mehr gesehen. Aber sie hatte auch keinen wirklichen Überblick, hatte sich doch alles in Chaos aufgelöst.

Maria aus Magdala hob die Hand vor die Augen. Schemenhaft sah sie die gespreizten Finger, schwarz gegen das dunkle Grau. Geformt wie Sonnenstrahlen, aber düster statt strahlend – das passt, dachte die Frau: ein schwarzer Tag ist heute gewesen. Ein ganz und gar verkehrter Tag. Eigentlich wollte sie nur noch ihr Gesicht in den Händen vergraben. Einschlafen. Wegsein. Sterben vielleicht. Auch sterben – wie ihr Herr. – So unsinnig das heute schien, sobald sie an Jesus dachte, spürte sie wieder eine Kraft von ihm ausgehen. Diese Kraft hat gemacht, dass ich überhaupt mit ihm gegangen bin, dachte Maria. Seine Liebe. Unwillkürlich lächelte sie ins Dunkel. Aber nur einen Moment lang, denn dann überfluteten sie erneut die Bilder dieses Tages, eines Tages, an dem Jesus zwar im Mittelpunkt gestanden hatte, aber nicht als strahlender Held, sondern als ein Verspotteter, Gequälter, langsam und grausam Ermordeter. Wie sollte von ihm da noch Kraft ausgehen können? Und doch …

Maria merkte, dass es ihr etwas half, wenn sie sich die Ereignisse klar machte. Das war seltsam, denn sie schienen so schrecklich und sinnlos. Doch ihr war, als ob in all dem Schrecken und der Sinnlosigkeit etwas verborgen läge, etwas, das mit dem Mittelpunkt all der wüsten Bilder zusammenhing, mit ihm. Mit Jesus am Kreuz. – Eigentlich hatte bei Sonnenuntergang der Sabbat begonnen, der Feiertag, an dem alles Leben zu einer heiligen Ruhe kommen sollte. Aber Maria war innerlich so unruhig, dass sie beschloss, sich nicht auf ihr Lager zu begeben. Schlafen würde sie sowieso nicht können, und sie wollte weiter bei Jesus sein. Wenigstens in Gedanken. Leise verließ sie den Raum, stieg hinauf auf das terrassenförmige flache Dach und kauerte sich unter den klaren sternübersäten Himmel. Die frische Nachtluft tat ihr gut.

Aus den umgebenden Häusern drang kein Geräusch. Die Jerusalemer Bürger und die Gäste, die zum Passafest in die Hauptstadt gepilgert waren, schliefen offenbar friedlich. Friedlich! – Maria schauerte es, und sie dachte an das Toben und Brüllen, das Jesu Weg begleitet hatte aus der Stadt – das schwere Kreuz auf dem wund geschlagenen Rücken – zum Hügel Golgatha und die Hinrichtung dort, an die verzerrten Fratzen, wie sie schrieen und johlten, wie sie sich weideten am grausamen Schicksal des Mannes, dem sie kurz zuvor noch zugejubelt hatten. Widerlich! Sie selbst hatte mit ein paar anderen Jüngerinnen von fern dem Treiben zugesehen, gegenseitig hatten sich die Freundinnen gehalten. Die männlichen Jünger waren nicht bei ihnen gewesen. Nur Johannes, den Jesus besonders mochte, hatte sie beim Kreuz stehen sehen, zusammen mit Maria, der Mutter Jesu. Sie hatten wohl noch ein paar Worte wechseln können. Wie schlimm muss es für eine Mutter sein, dachte Maria, ihr Kind so sterben zu sehen!

Drei Stunden hatte Jesus schon da gehangen, und sie hatte immer abwechselnd gedacht, hoffentlich ist es bald vorüber, hoffentlich ist er bald erlöst, und dann wieder, ach Gott, vielleicht geht es ja doch noch gut aus, vielleicht kommt er irgendwie los, er, der so vielen wunderbar geholfen hat, vielleicht geschieht ja ein Wunder. Und dann schien es wirklich, als nähme der Himmel Anteil, denn er verfinsterte sich. Aber nicht von Gewitterwolken oder etwas Ähnlichem, nein: Eine dunkle Scheibe schob sich vor den brennenden Sonnenkreis und verdeckte ihn volle drei Stunden lang. Das kann der Himmel selbst nicht mit ansehen, hatten die Frauen zueinander gesagt.

Ja, und dann – Er hatte noch ein Psalmwort gerufen. Mein Gott, mein Gott, warum hast du mich verlassen? Dann war sein Kopf auf die Schulter gefallen. Zur neunten Stunde des Tages war Jesus tot. Der Himmel war ein schwarzes Loch. Kein Regen. Nur Düsternis. Und auch sie hatten gar nicht gleich weinen können. Doch jetzt, hier, nachts … Jetzt liefen Maria die Tränen herunter.

Mit den anderen Frauen hatte sie aus der Ferne verfolgt, was weiter geschah. Die Menge verlief sich bald. Da tauchte Josef von Arimathäa, ein wohlhabender und angesehener Mann, auf, mit einigen Knechten. Sie legten das Kreuz um, nahmen Jesus ab und wickelten den Leichnam in ein schönes, helles Leinentuch. Josef war ein guter Mann, das wusste Maria. Er hatte geglaubt, dass Jesus der Messias sei, von Gott auserwählt zum König und Retter der Juden. Viele Männer waren dieser Ansicht gewesen, nicht nur unter den Jüngern. Simon der Zelot und Simon mit dem Beinamen Petrus waren immer vornedran gewesen, wenn es darum ging, Jesus zu versichern, welch große Stücke sie auf ihn hielten. Maria hatte manches Mal den Verdacht gehabt, das geschehe nach dem Motto: Lob ich dich, lobst du mich. Ich sag dir, dass du mächtig sein wirst, damit du mir umgekehrt versprichst, dass ich an deiner Macht teilhaben werde. Um Macht, um königliches Auftreten und gar um einen bewaffneten Aufstand war es jedenfalls meistens gegangen, wenn sich die Männer um Jesus scharten. Sie hatte auch da oft nur aus der Ferne zugesehen; Jesus erschien ihr dabei eigentlich nie wie ein Heerführer, ein Kraftprotz. Nun, dachte Maria und zog ihr Tuch fester um die Schultern, nun sind alle, die ihn schon auf dem Thron gesehen haben, bitter enttäuscht. Wahrscheinlich auch Josef. Und dennoch hatte er den Mann, der sein Herr gewesen war, nicht hängen lassen. Das hatte Maria beeindruckt. Das hatte ihr Hoffnung gegeben.

Josef ließ Jesu Leichnam in ein nahes Felsengrab bringen. Mit etwas Abstand waren die Frauen den Trägern gefolgt und sahen, wie die helle Gestalt auf der Trage in der Öffnung verschwand, verschluckt wurde vom Dunkel. Wieder kam es Maria vor wie ein schwarzes Loch. Bald traten die Männer heraus und wälzten einen Stein vor die Öffnung. So groß war er, dass ihn drei Männer eben zusammen bewegen konnten. Ein Schlusspunkt unter der Geschichte von Jesus von Nazareth – so lag er da. Und man musste hoffen, dass ihn niemand wieder entfernte: Grab-

raub und Leichenschändung hätten gerade noch gefehlt …

Irgendwann in dieser schwarzen Nacht fiel Maria erschöpft in Schlaf. Doch in ihr arbeitete das Erlebte weiter. Und als sie aufwachte, hatte sie eine Idee. Mit zusammengekniffenen Augen schaute sie in die Sonne, die eben aufgegangen war. Das sah einem Lächeln ähnlich – und sie fühlte sich auch ein bisschen besser. Nun wusste sie zumindest, was sie tun würde. Sie würde Jesus salben.

Salben, das hieß: jemanden mit edlem, duftendem Öl bestreichen. Jemanden zu salben war ein Zeichen: Dieser Mensch ist etwas Besonderes. Es war zugleich ein Zeichen der Hochachtung und der Liebe. Priester wurden gesalbt und Könige. David, der berühmteste König der Juden, war einst gesalbt worden. Ja, dachte Maria, das ist genau das, was ich für Jesus tun will.

Ihr kam noch ein weiterer Gedanke. Wenn sie Jesus salbte, war das nicht nur ein persönlicher Liebesdienst. Es drückte auch aus, dass er der Messias gewesen war. »Messias« hieß ja auf Hebräisch nichts anderes als »der Gesalbte«, genauso wie »Christus«, das auf Griechisch »der Gesalbte« bedeutete. Für Maria war Jesus der Messias gewesen, der Retter, der König. Er hatte sie von schwerer Krankheit geheilt und von seelischer Bedrückung befreit. Auch wenn sein Ende so gar nicht zu einem Messias zu passen schien – sie wollte ihm dieses Zeichen geben, diese Auszeichnung. Um ihretwillen hatte er es verdient.

Freilich, ein Problem gab es: Allein hatte Maria nicht genug Geld, um kostbares Öl kaufen zu können. Und auch den Stein würde sie niemals wegbekommen vom Grab. – Am Sabbat durfte sie keine Arbeit tun und die Läden waren geschlossen, aber sie beschloss, gleich mit Johanna, Salome und den anderen Jüngerinnen zu reden. Zuversichtlich, dass sie Mitstreiterinnen finden würde für ihre Idee, stieg Maria die Treppe herunter.

Sehr früh am Morgen nach dem Sabbat hatten sich die Frauen aufgemacht. Vorsichtig trug eine das kostbare Öl, das sie eben erstanden hatten. Was sie an Geld hatten, hatten sie dafür zusammengelegt. Sie redeten nicht, und auch die Weingärten und Hügel schienen, noch im Zwielicht, wie angesteckt von ihrer gespannten Ruhe. Die letzte Wegbiegung vor dem Grab. Salome hatte eben noch die Frage aufgeworfen, wer ihnen den Stein wegwälzen würde; keine hatte eine Antwort gehabt. Die Sonne trat über den Horizont, Augenblicke lang waren sie geblendet. Aber auch als sie wieder sehen konnten, glaubten sie ihren Augen nicht zu trauen: Der Stein war weg.

Von alleine ist der nicht weggerollt, sagte Johanna.

Hoffentlich waren es keine Räuber, sagte Maria. Sie eilten hin, doch als sie an der Felsöffnung waren, überlief sie ein Schauder, und sie blieben stehen und horchten. Alles war ganz still. Golden leuchteten die Äste der Olivenbäume im Licht der ersten Strahlen. Dunkel lag der Eingang des Grabs vor ihnen. Sie fassten sich ein Herz und gingen hinein.

Erst sahen sie gar nichts. Ihre Augen mussten sich ja ans Dunkel gewöhnen. Was sie dann jedoch gewahrten, ließ sie so erschrecken, dass sie unwillkürlich nach Luft schnappten. Johanna stieß einen Schrei aus. Da saß jemand! Jemand Lebendiges … Ein junger, schöner Mann in einem langen weißen Gewand. Und was das Merkwürdigste war: Die ganze Gestalt schimmerte im Dämmerlicht, als leuchte sie von selbst. Die Frauen hatten einander gepackt, und Maria hätte das Gefäß mit dem Öl beinahe fallen lassen …

Seid nicht entsetzt, sagte der Mann. Ihr sucht Jesus von Nazareth, den Gekreuzigten. Was sucht ihr den Lebenden bei den Toten?

Nein, entsetzt waren sie nicht. In ihnen war gar kein klares Gefühl mehr. Ratlos, fassungslos waren die Frauen, durcheinander, wie durchgeschüttelt, nicht fähig zu irgendeinem Gedanken. Was sucht ihr den Lebenden bei den Toten? Was sollte das heißen? Was bedeutete das? Sie kapierten gar nichts.

Er ist auferstanden, fuhr der Mann fort: Er ist nicht mehr hier. In ihrer Verwirrung blickte Maria nur auf den weißen Mann, der die Ruhe selbst zu sein schien. Wahrscheinlich sah er ihr ungläubiges Gesicht, jedenfalls brachte er einen Beweis für seine

Worte. Seht selbst die Stätte, wo sie ihn hinlegten, sagte er. Vorsichtig drehte Maria den Kopf. Links neben ihm befanden sich, gut zu erkennen trotz des Dämmerlichts, mehrere helle Tücher, darunter offenbar das große Leinentuch, in das gestern der Leichnam gewickelt worden war. Sauber gefaltet lagen sie da. Nicht wie am Tatort eines Raubs – eher wie bei jemandem, der aufgestanden ist nach der Nacht und sein Lager ordentlich verlassen hat.

Da erhob der Mann noch einmal seine Stimme, in einem entschiedenen und abschließenden Ton: Geht nun hin und sagt seinen Jüngern und Petrus, dass er auferstanden ist. Mit einer Geste wies er sie an, das Grab zu verlassen. Die Frauen stolperten hinaus. Draußen aber, im grellen Licht, als sie einander ins Gesicht sahen, da wussten sie noch weniger als drinnen. Was sollte das heißen? Alles war so schnell gegangen … Alles war ganz anders als erwartet … Umgekehrt – wenn das wahr war, was der Engel, wenn es ein Engel war, sagte, dann … ja, dann war Jesus gar nicht – tot! Zumindest nicht mehr! Auferstanden, das hieß ja, dass er aufgestanden war von der Stelle, wo er gelegen hatte und wieder hinausgegangen war aus dem Grab – ins Leben!

Was hatte der Engel gesagt? Sie sollten den Jüngern davon erzählen? Die würden ihnen doch niemals glauben! Frauen doch nicht! Die würden sie für verrückt halten! Und waren sie das nicht auch? – Es kam ihnen vor wie ein Traum, ein verwirrender und überwältigender Traum. Sie wussten nicht, wie ihnen geschah. Sie rannten einfach los, weg. Weg vom Grab und hinein in den hellen Morgen. Eine begann zu schreien, laut und unbändig, und alle machten mit. War das Trauer oder Freude? Sie rannten, bis sie nicht mehr konnten und keuchend niedersanken. Das ist eine Geschichte!, sagte Salome, als sie wieder ein wenig zu Atem gekommen war: Eine ganz und gar unglaubliche Geschichte … Wenn das stimmt …, sagte Maria. Sie sahen einander an, ihre geröteten Gesichter im Morgenlicht, in denen eine Erkenntnis aufstrahlte wie am Himmel die goldene Sonnenscheibe – und dann lachten sie auf einmal los, befreit von einer schweren, dunklen Last. Jesus hatte den Tod überwunden. Sie hatten es selbst gesehen, das leere Grab, das Zeichen seines Triumphs.

Keine konnte später sagen, wo das Gefäß mit dem kostbaren Öl geblieben war, war ihnen doch etwas unvergleichlich viel Kostbareres widerfahren.

dunkel und hell, wobei die Strahlen etwas in den dunklen Bereich übergreifen und den Kopf des Jüngers in der Mitte erleuchten. Sein Gesicht und seine Schultern werden durch das Seitenlicht, das von Jesus ausgeht, dramatisch modelliert.

Die Figurengruppe am Tisch ist nicht ganz mittig ins Bild gesetzt. Der Rücken des linken Jüngers ist leicht angeschnitten, während zwischen Jesus rechts und dem rechten Bildrand noch Platz ist. Die Gruppe scheint so etwas nach links verschoben; der Jünger ist nicht so zentral wie Jesus. Jesus agiert, strahlt aus, die Jünger reagieren, sie werden angestrahlt.

Jesu Hände fassen mit kräftigem Griff das Brot und brechen es eben. Sein Blick aber ist nicht auf diese Tätigkeit gerichtet, muss es wohl auch nicht sein; es geht nicht um das Handwerkliche daran, sondern um das Zeichenhafte. Jesu Augen blicken halb geschlossen etwas nach oben, in seinen Strahlenkranz hinein, der Blick scheint nichts Bestimmtes zu fixieren, auch nicht einen der Jünger: Jesus prüft nicht, ob und wie er wirkt. Um Suggestion geht es nicht. Jesu Blick wirkt entrückt. Die Spannung von Immanenz und Transzendenz, Leib und Geist, in der der Auferstandene steht, spiegelt sich im Kontrast von Gestik und Mimik Jesu wider.

Der mittlere Jünger sieht in Jesu Richtung, ohne ihn direkt anzuschauen. Sein Blick ist erstaunt, vielleicht sogar ein wenig furchtsam. Seine rechte Hand hat sich etwas vom Tisch gehoben und zeigt auf die Brot brechenden Hände: Da. Etwas Unerhörtes, Wunderbares geschieht vor seinen Augen – kann er seinen Augen trauen? Sehen wir in den kleinen Falten an seiner Nasenwurzel einen Rest Skepsis?

Dem linken Jünger steht der Mund offen. Hatte er die Ellbogen in Erwartung eines gemütlichen Mahls aufgestützt oder hebt er gar abwehrend die Hände? Sein Blick zielt, das Bild in leicht ansteigender Linie querend, direkt auf Jesu Gesicht. Er erkennt den zugleich anwesenden und entrückt blickenden Auferstandenen.

Jeder Jünger erkennt mit einem Teil – beim mittleren die auf Jesu Hände zeigende Hand, beim linken der auf Jesu Augen zielende Blick – den Auferstandenen, mit einem anderen – beim mittleren der Blick, beim linken die Hände – ist er noch skeptisch, kann es noch nicht fassen. So kommt die Überraschung und Überwältigung der Jünger im ersten Moment anschaulich zum Ausdruck.

Dargestellt sind zwei Aktionen, zwischen denen in der biblischen Erzählung ein geringer zeitlicher Abstand liegt. Bei Lukas folgt auf das Brotbrechen (Lk 24,30) noch das Geben des Brotes, dann erst kommt: »Da wurden ihnen die Augen geöffnet, und sie erkannten ihn« (Lk 24,31). Rembrandt verdichtet in seinem Stich die Geste des Brechens mit dem Erkennen der Jünger zu *einem* dramatischen Moment.

Bedeutsame bildnerische Mittel sind der Hell-dunkel-Kontrast und bei der Figurengestaltung die Gesten der Hände und die Art und Richtung der Blicke sowie die Mimik überhaupt.

Der Strahlenkranz um den Kopf Jesu, der rechten Figur am Tisch, zieht den Blick des Betrachters auf sich. In der realistisch und detailliert dargebotenen Szene fällt diese sinnliche Darstellung des Übersinnlichen, Transzendenten sogleich ins Auge. Die Ausstrahlung Jesu dominiert die rechte Hälfte des Bildhintergrunds und bildet mit der dunklen Fläche links davon einen effektvollen Kontrast. Die vertikale Mittelachse des Bildes trennt in ihrem oberen Teil

G An dem Tag, an dem Maria aus Magdala von Jesu Auferstehung erfahren hatte, machten sich zwei Jünger von Jerusalem nach Emmaus auf den Weg.

S Auf einmal begann der Dritte, die Heilige Schrift zu erklären. Außer Jesus hatten die Jünger noch nie jemanden getroffen, der mehr darüber gewusst hätte als dieser Fremde. Sie waren überrascht.

H Der dritte Wanderer fragte, wer dieser Jesus sei, über den sie redeten.

N Traurig gingen die beiden Jünger dahin und redeten über Jesus, den sie tot glaubten.

U Im selben Moment verschwand Jesus vor den Augen der Jünger.

R Am frühen Abend waren die drei kurz vor Emmaus angekommen. Der Dritte wollte weitergehen, aber die beiden anderen nötigten ihn, bei ihnen zu bleiben.

U Auf einmal gesellte sich ein dritter Wanderer hinzu.

T Die beiden erzählten dem Dritten: Jesus ist gekreuzigt worden. Wir sind darüber sehr traurig, denn wir haben gehofft, dass er der Messias ist.

E Einer der Jünger antwortete überrascht: Du bist wohl der Einzige, der das nicht weiß.

F Da erkannten die Jünger, dass der Dritte Jesus war.

E Als sie zu dritt beim Abendessen saßen, nahm der Dritte das Brot, dankte, brach es und gab den anderen.

A Nun hatten die beiden Jünger erlebt: Jesus ist wirklich auferstanden. Sie liefen gleich nach Jerusalem zurück und freuten sich mit den anderen Jüngern.

Aufgabe:
Schneidet die einzelnen Erzählschritte aus und bringt sie in die richtige Reihenfolge.
Die fettgedruckten Buchstaben ergeben von unten nach oben gelesen ein Lösungswort.

Wo kommt sie vor?

Letztes Abendmahl
vor Jesu Tod

Abendmahl in Emmaus
nach Jesu Auferstehung

Abendmahl in
unserem Gottesdienst

Wenn Jesus das Brot bricht, zeigt er ...

III. Christi Himmelfahrt und Pfingsten

Obwohl Pfingsten ein zentrales christliches Fest ist und wie Weihnachten und Ostern mit zwei Feiertagen und mit Ferien gewürdigt wird, ist seine biblische Grundlage den meisten Menschen in unserer Gesellschaft unbekannt. Deshalb eignet sich die narrative Struktur unseres Konzepts für diese Unterrichtseinheit besonders gut. Nur wenige Schüler/innen haben die Pfingstgeschichte je gehört.

Für den Erzählzusammenhang und eine schlüssige Anknüpfung an die Osterereignisse wichtig ist die Himmelfahrt Christi. Denn hier verlässt Jesus seine Jüngerschar endgültig, ohne sie jedoch allein zu lassen: Er sagt ihnen die Ankunft des Heiligen Geistes zu.

Dem Alter der Zielgruppe entsprechend und der Bibel gemäß geschieht die Annäherung an den Heiligen Geist über die Pfingstsymbole: Brausen, Flammen, gemeinsame Sprache.

Die Schüler/innen erfahren, in welcher Situation Jesus seinen Nachfolger/innen die Herabkunft des Geistes zugesagt hat und wie sich diese äußert.

Pfingsten wird auch als Geburtstag der Kirche gefeiert. Deshalb bietet diese Einheit eine Anknüpfung an das Thema Kirche und lässt die Schüler/innen ihre diesbezüglichen Erfahrungen und Wünsche thematisieren.

1. Stunde: Christi Himmelfahrt – Wo fährt er hin? Wo bleiben wir?

Der Einstieg in die Unterrichtseinheit erfolgt durch die sukzessive Betrachtung einer mittelalterlichen Buchillustration **M 1** (Landgrafen-Psalter, 13. Jh.):

Der mittlere Teil des Bildes zeigt den auferstandenen Christus. Durch die Erschließung der Auferstehungssymbolik soll eine Anknüpfung des dargestellten Geschehens an die Passions- und Ostergeschichte erfolgen.

Bei der Betrachtung des unteren Bildteils hören die Schüler/innen die Erzählung von der Himmelfahrt Christi. Sie versetzen sich in die Situation der dargestellten Jüngerinnen und Jünger, indem sie diese in Standbildern nachstellen. Die Ambivalenz des Geschehens soll hier deutlich werden: Einerseits hat sich in dem wundersamen Ereignis der Himmelfahrt die Größe des Auferstandenen manifestiert, andererseits bleiben die Jünger/innen jetzt allein und ratlos zurück.

In der Fortführung der Erzählung (dritter Bildausschnitt: Erscheinen der Engel) wird deutlich, dass Jesus seine Jünger/innen nicht aufgibt. – Er wird auf die gleiche Weise wiederkehren und dann wird ihn die ganze Welt erkennen: Durch die Worte der Engel erhalten die Zurückgelassenen Trost und Hoffnung. Sie sehen die Fußspuren des Aufgefahrenen und werden sich bewusst, dass Jesus auch in ihrem Leben Spuren hinterlassen hat (s. 2. Stunde).

2. Stunde: Zwei Lücken im Kreis – die Jüngerinnen und Jünger besinnen sich

Die Klasse sitzt in einem Stuhlkreis mit zwei leeren Stühlen. Sie versetzt sich in die Situation der Jünger/innen in den Tagen nach der Himmelfahrt: Diese warten (Jesus hat ihnen seinen Geist versprochen) und werden sich dabei der Lücken in ihrem Kreis bewusst: Zwei Menschen sind nicht mehr unter ihnen: Jesus und Judas. In dieser Zeit der Untätigkeit und des Wartens sinnen die Jünger/innen über die Spuren nach, die Jesus in ihrem Leben hinterlassen hat. Sie fragen sich auch, was er nun mit ihnen vorhat.

Anhand von Rollenkarten lernen die Schüler/innen einige Jünger/innen Jesu kennen und formulieren mögliche Gedanken dieser Personen in Gebeten. Im anschließenden Vortrag der Gebete sollen die gemeinsamen Erfahrungen, Fragen und Anliegen der Jünger/innen deutlich werden.

In der letzten Unterrichtsphase erzählt der Lehrer/die Lehrerin von der Nachwahl des Apostels Matthias. Die Schüler/innen erkennen, dass die Jünger/innen nun die Initiative ergreifen, um den Kreis wieder zu schließen, und dass sie bereits darüber nachdenken, wie sie die Erinnerung an das Leben Jesu bewahren können.

3. Stunde: Flammenschrift

In dieser Stunde sollen die Schüler/innen ein zentrales Symbol des Pfingstereignisses sinnlich erfahren. Sie malen vorgegebene Buchstaben in »Flammenschrift«, ohne den Text zu kennen, der aus den Buchstaben entstehen soll. Bei Zeitmangel kann das Malen auch als Hausaufgabe erledigt werden. Diese Hausaufgabe sollte allerdings rechtzeitig gestellt werden, damit die Lehrerin / der Lehrer den Text vor der 4. Stunde zusammenstellen kann.

4. Stunde: Das Pfingstwunder

In Flammenschrift hängt nun ein Bibelvers aus der Pfingstgeschichte an der Wand: »*Und etwas erschien ihnen: Zungen, die sich wie Feuer zerteilten. Und es setzte sich auf jeden von ihnen. Und sie wurden alle erfüllt vom Heiligen Geist.*« Der Text dient zum einen dazu, Interesse für die Lehrererzählung zu wecken, zum anderen aber symbolisiert die Entstehung der Wandschrift auch das Pfingstereignis: Wie aus den einzelnen Buchstaben plötzlich ein zusammenhängender Satz geworden ist, der die Klassenzimmerwand schmückt und zu Nachfragen einlädt, so wurde an Pfingsten aus einzelnen ratlosen Jünger/innen eine attraktive Gemeinschaft mit einer Botschaft, die die Umwelt begeisterte.

Aus der Sicht des neu gewählten Apostels Matthias lernen die Schüler/innen die Pfingstgeschichte kennen. Die Symbole Feuer, Zungen und gemeinsame Sprache in der Erzählung werden gemeinsam erschlossen. Die Schüler/innen sollen erkennen, dass mit dem Empfang des Heiligen Geistes die Entstehung der kirchlichen Gemeinschaft einhergeht und dass die Kirche in ihrer Geburtsstunde als eine Gemeinschaft von Begeisterten erlebt wird, die die Frohe Botschaft von Jesus Christus nach außen trägt und andere in ihrer Begeisterung ansteckt.

5. Stunde: Pfingsten heute à la Hollywood

Diese Stunde dient der Wiederholung der biblischen Pfingstgeschichte sowie der Übertragung auf die heutige Situation der Kirche. Bei der Betrachtung ausgewählter Szenen des Films »Sister Act« sollen die Schüler/innen Parallelen zur Pfingstgeschichte erkennen. Der Film zeigt eine Kirche, die sich von der Umwelt zurückgezogen hat und ihre Botschaft unverständlich und geradezu kläglich verkündet. Erst als sie »frischen Wind« hineinlässt (im Film bringt diesen eine Barsängerin mit), wird sie für die eigenen Mitglieder zum Ort der Begeisterung und echten Begegnung. Die Begeisterung bleibt nicht innerhalb der Klostermauern verborgen, sondern treibt die Gemeinde nach draußen und führt dazu, dass die Kirche für alle Menschen wieder attraktiv wird.

Wie aber lässt sich solche Be-Geisterung herstellen? Begibt sich Kirche, wenn sie die Sprache der Umwelt spricht (im Film überträgt die Barsängerin ihren Gesangs- und Tanzstil auf den Kirchenchor) nicht in Gefahr, beliebig zu werden?

6. Stunde: Kirchenbau mit Sprachbarrieren

Wie baut man Kirche? Die Schüler/innen bauen ganz konkret Kirchen, allerdings ohne miteinander zu reden. Ähnlich wie in der 3. Stunde werden die Ergebnisse erst in der nächsten Stunde ausgewertet. Das »Experiment« dient zur Veranschaulichung: Wann gelingt Kirchenbau leichter (in Teamarbeit, bei »wortloser« Verständigung, wenn man ähnliche Vorstellungen hat), und welche Schwierigkeiten stellen sich ein? (Braucht man einen Chef, der gut delegiert? Was tun, wenn die Ideen nicht vereinbar sind? Wie verständigt man sich, wenn man keine »gemeinsame Sprache« hat?) Der Lehrer / die Lehrerin darf sich in dieser Stunde ausruhen und die seltene Stille genießen. Er/sie muss nur darauf achten, dass das Redeverbot eingehalten wird und keine zu dreiste »Industriespionage« stattfindet.

7. Stunde: Bausteine unserer Wunschkirche

Ausgehend von den Erfahrungen beim Bau der Kirchen sollen die Schüler/innen in der letzten Stunde der Unterrichtseinheit die Frage reflektieren, unter welchen Bedingungen Verständigung gelingt und welche Mittel der Kommunikation notwendig sind, wenn Menschen etwas zuwege bringen wollen. Wie also kann man »Kirche bauen«? Die übertragene Bedeutung dieses Ausdrucks soll in einem weiteren Schritt die Schüler/innen zu der Überlegung anregen, welche »Bausteine« eine gute Kirche benötigt. Vielleicht gibt es bei den Kirchen vor Ort bereits Gruppen und Veranstaltungen, in denen diese Wünsche realisiert werden. Es wäre ein schöner Abschluss der Einheit, mit der Klasse solch eine Veranstaltung zu besuchen oder sie von einigen Schüler/innen vorstellen zu lassen.

1. Stunde: Christi Himmelfahrt – Wo fährt er hin? Wo bleiben wir?

Sozialform/ Methoden	Unterrichtsinhalte, Fragen, Aufgaben	Medien
UG	▶ **Leitmedium: Buchmalerei aus dem Landgrafen-Psalter, Anfang 13. Jh.**	**M 1** möglichst als Farbfolie **(Farbbild im Internet unter www.calwer.com beim Titel abrufbar)**, zunächst ist nur Christus zu sehen ohne schwebende Füße (beide Abdeckungen **M 2/ M 3** aufgelegt)
	SCHRITT 1: DER AUFERSTANDENE CHRISTUS	
	▶ L zeigt das Bild mit Abdeckungen, sodass nur Christus zu sehen ist. **»Was seht ihr?«**	
	(Genaue Betrachtung und Beschreibung; noch keine Deutung – erst genau hinschauen.	
	Mögliche Methode: So viele Sch wie möglich benennen unkommentiert nacheinander in einem genau formulierten Satz je eine Einzelheit.)	
	▶ **L: »Jetzt wollen wir unsere Beobachtungen deuten.«**	
	(– *typisches Gesicht mit Bart und langem Haar* → *Jesus*	
	– *Heiligenschein in Sonnenfarben gelb und rot und mit Kreuz* → *Christus [erkennbar am Kreuz], der Göttliche, Himmlische*	
	– *Kreuzstab mit Siegesfahne* → *der Gekreuzigte hat den Tod bezwungen und ist auferstanden*	
	– *purpurner Königsmantel* → *Herr [und Richter] der Welt*	Hefteintrag möglich
	– *geneigter Kopf* → *wendet sich jemandem unter ihm zu – wem?*	
	– *Segensgeste der rechten Hand* → *segnet dort jemanden – wen?*	
	– *Gesamtbild* → *der auferstandene Christus)*	
	▶ **»Wem wendet sich der Auferstandene wohl zu?«**	
	Ideen sammeln: Jüngern, Frauen, Maria, allen Menschen …	
	▶ **»Wie ging es seinen Anhängern in letzter Zeit?«**	
	Passion und Ostern kurz wiederholen lassen	
LV mit Bild-inszenierung	SCHRITT 2: UND DIE MENSCHEN UNTEN?	Apostel, Jesu Mutter Maria und Fels mit Fußstapfen auf der unteren Bild-hälfte (**M 2** entfernen)
	▶ **Erzählung der Himmelfahrt Christi, v.a. nach Apg 1,3–10a.** L: »Dieses Bild zeigt den auferstandenen Christus in einer ganz besonderen Situation – bei seiner Himmelfahrt.«	
	▶ **Abdeckung langsam herunterziehen, sodass das Schweben der Figur in den Fokus rückt, dann Aufdecken der ganzen unteren Bildhälfte.**	
	Erzählstichpunkte:	
	– Vorgeschichte: Auferstehung und Begegnung der Jünger/innen mit dem Auferstandenen je nach Kenntnisstand der Lerngruppe kurz umreißen (Rückkehr nach Jerusalem, Emmaus, Thomas), gemeinsam wiederholen oder ganz weglassen.	**M 5**, Teil 1
	– Als vierzig Tage um waren, spricht Jesus zu den Aposteln: Verlasst Jerusalem nicht! Wartet auf das, was euch verheißen ist! Johannes hat mit Wasser getauft, ihr aber sollt mit dem heiligen Geist getauft werden – bald schon.	
	– Aber er nennt keinen genauen Zeitpunkt.	
	– Er sagt auch nicht, was mit ihm selbst weiter geschehen wird.	
	– Jesus spricht weiter: Ihr werdet die Kraft des Heiligen Geistes empfangen, der auf euch kommen wird, und werdet meine Zeugen sein in Jerusalem und in ganz Israel und bis an das Ende der Erde.	
	– Dann segnet er sie alle.	

	– Und dann wird er vor ihren Augen aufgehoben in den Himmel und eine Wolke nimmt ihn auf, sodass sie ihn nicht mehr sehen können. – Alle seine Anhänger aber, Männer und Frauen, Apostel und Jünger/innen, darunter Jesu Mutter Maria, sehen ihm sprachlos nach.	
GA: Darstellendes Spiel, Standbild	▶ **Haltungen und Gesten der Apostel und Marias in ein oder zwei Gruppen als Standbild nachstellen** Mögliche Methode: Bildhauer-Masse: ein bis zwei Bildhauer modellieren die anderen Figuren (Gesichtsausdruck vormachen), diese lassen sich ›willenlos‹ formen.	
	▶ Evtl. Standbilder fotografieren	evtl. Kamera
	▶ Vor dem Auflösen: Jede/r speichert seine Haltung genau ab: Kopf, Arme, Hände, Körper, Beine … – »Was denken und fühlen die Apostel und Maria?«	
	▶ Die Sch nehmen ihre Haltung jeweils nochmals ein und sprechen aus der Rolle heraus.	
UG	▶ Gemeinsames Weiterdenken: – Ihr Jesus ist der Herr der ganzen Welt, das wird durch das Wunder der Himmelfahrt (nochmal) offenbar, er fährt hinauf zu Gott – ein überwältigender Anblick! – Aber er verlässt sie auch, wo er hinfährt, kann man sich noch nicht so recht vorstellen, direkt folgen können sie ihm nicht, was wird nun aus ihnen, was bedeutet »Taufe mit dem Heiligen Geist«, was ist nun ihre Aufgabe auf der Erde?	Hefteintrag möglich
LV mit Bild-inszenierung	SCHRITT 3: DIE ENGEL HELFEN WEITER **Erzählung des Auftritts der Engel nach Apg 1,10b–12 und Lk 24,52.** ▶ **L: »Als die Jünger/innen so sprachlos und wie eingefroren dastehen, sind auf einmal zwei Engel dabei.«** ▶ *Abdeckung entfernen.* *Erzählstichpunkte:* – Sie sagen: Was steht ihr da und seht zum Himmel? Dieser Jesus, der von euch weg in den Himmel aufgenommen wurde, wird so wiederkommen, wie ihr ihn habt gen Himmel fahren sehen. – Daraufhin können sich die Jünger/innen wieder rühren. – Sie gehen noch einmal zu der Stelle auf dem Felsen, wo Jesus zuletzt gestanden hat. – Sie sehen die Spuren seiner Füße. – Erst lächeln sie noch etwas ungläubig, aber dann steigt Freude in ihnen auf. – Und auf dem Rückweg zu dem Haus, in dem sie auch mit Jesus beisammen waren, sieht man sie richtig lachen.	ganzes Bild (**M 3** entfernen) **M 5**, Teil 2
UG	– »Warum können sich die Apostel nun freuen und lachen?« (– *Sie haben eine Erklärung.* – *Der große König Christus ist wirklich ihr Freund Jesus.* – *Jesus ist nicht einfach für immer weg.* – *Er hat nun seinen Platz im Himmel bei Gott wie auf einem Thron – vgl. Glaubensbekenntnis.* – *Er bleibt ihnen / den Menschen zugewandt.* – *Wenn er so spektakulär wiederkommt, wird das alle Menschen von ihm überzeugen.*)	

▶ **Umrisszeichnung mit oder ohne Maria von Magdala
am Rand** (siehe 2. Stunde Rollenkarte Maria von Magdala).

M 4a
(alternativ **M 4b**)

▶ **L: »Beschriftet die Figuren.«**
(»Jesus Christus, der Auferstandene« – »Mutter Maria« – »Zwölf Apostel«)

▶ L: »Schreibt in die Schriftbänder der Engel, wie sie den Menschen
die Himmelfahrt erklären.«
(z.B. »Christus segnet die Menschen. Er fährt in den Himmel zu Gott.
Er wird wiederkommen.«)

▶ L: »Malt das Bild an – nicht unbedingt wie im Original, aber so,
dass die Farben jeweils die Stimmung der Figuren ausdrücken.«

2. Stunde: Zwei Lücken im Kreis – die Jüngerinnen und Jünger besinnen sich

Sozialform/ Methoden	Unterrichtsinhalte, Fragen, Aufgaben	Medien
LV mit Raum- inszenierung	▶ Im Stuhlkreis mit zwei leeren Stühlen: **Erzählung der Situation der Jünger/innen zwischen Christi Himmelfahrt und Pfingsten, nach Apg 1,13f.**	Für jede/n Sch einen Stift
	Erzählstichpunkte:	**M 6**, Teil 1
	– Apostel und Jünger/innen im Haus in Jerusalem – dasselbe Haus, in dem sie z.B. beim letzten Abendmahl alle mit Jesus zusammen waren.	
	– Sie sitzen in einem Raum im Obergeschoss, hinter geschlossenen Fenstern, und warten, dass etwas geschieht.	
	– Ganz andere Atmosphäre als vor Jesu Tod, als sie in die Straßen Jerusalems hinausliefen und die Leute ansprachen und zu ihm einluden.	
	– Einige Tage passiert nichts.	
	– Die Freude und gespannte Erwartung, die die Jünger/innen bei der Rückkehr von der Himmelfahrt erfüllte, sind allmählich verflogen.	
	– Ihnen wird bewusst, dass zwei besondere Stühle in ihrem Kreis nicht besetzt sind:	
	– Auf dem einen saß Jesus.	
	– Auf dem anderen, nahe dabei, saß Judas, einer der 12 von Jesus ausgewählten Apostel, der ihn dann aber an die Soldaten verraten hat – Judas bereute seine Tat wenig später so sehr, dass er sich erhängte.	
	– Die Jünger/innen erinnern sich an die Zeit, als die Stühle alle besetzt waren, die Zeit mit Jesus vor der Kreuzigung.	
	– Sie erinnern sich auch an die Zeit, als er bei ihnen war nach seiner Auferstehung.	
	– Während sie da sitzen, gehen den Jünger/innen viele Gedanken im Kopf herum – Gedanken, die sie in Worte bringen, in Gebete, um sie Gott mitzuteilen.	
EA/PA	▶ **L: »Wir überlegen uns, was die Jünger/innen wohl in diesen Gebeten gesagt haben.«** Aufgaben siehe Rollenkarten: Welche Spuren hat Jesus in meinem Leben hinterlassen? Wie wird es weitergehen? Schreibe Marias (Petrus' usw.) Gedanken in einem Gebet auf.	**M 7a–f** (6 Rollenkarten zu Jünger/innen)

UG	▶ Ergebnisvortrag, nach Personen geordnet.
	▶ Mögliche Ergebnissicherung: L stellt aus den Ergebnissen für jeden Jünger / jede Jüngerin ein Gebet zusammen und gibt es in der nächsten Stunde allen Sch.
	– »Wenn ihr die Jünger/innen so beten hört: Welche Gemeinsamkeiten fallen euch auf?« (– *Klar ist: Jesus ist ihr Herr, nun bei Gott im Himmel, Hoffnung auf Wiederkunft.* – *Unklar ist: Wie geht's auf der Erde weiter? Vielleicht haben sie offene Fragen, vielleicht auch (verschiedene) Ideen für die Zukunft.)*

LV	▶ **Erzählung von der Schließung der Lücke im Kreis der Apostel, nach Apg 1, 21–26.**	**M 6**, Teil 2
	Erzählstichpunkte: – Wieder vergeht einige Zeit. – Die Jünger/innen werden unruhig. – Die Frage wird in ihrem Kreis laut: Was stimmt (noch) nicht? – Können oder müssen wir irgendetwas tun, damit der Heilige Geist, was auch immer das genau ist, kommen kann?	
evtl. UG	▶ Evtl. Sch nach Ideen fragen. – Die Jünger/innen bekommen eine Idee: Wir machen die Zahl der Apostel wieder voll. Wir losen einen Zwölften aus. – Petrus sagt: Es muss einer sein, der die ganze Zeit dabei war. – Jakobus sagt: Lasst uns noch einmal beten und Gott fragen, wer geeignet ist. – Danach losen sie. Das Los fällt auf Matthias. – Er setzt sich auf den Stuhl von Judas. Diese Lücke ist geschlossen.	

Ankündigen: Material für 3. Stunde mitbringen, siehe dort.

3. Stunde: Flammenschrift

Sozialform/ Methoden	Unterrichtsinhalte, Fragen, Aufgaben	Medien/ Material
	Stundeninhalt: Vorbereitung der »Feuerschrift« zu Apg 2,3–4	**M 8**
EA	▶ **Sch malen Feuerbuchstaben.** Aus den Buchstaben (pro Blatt ein Buchstabe bzw. ein Leerzeichen) wird in der kommenden Stunde folgender Text zusammengesetzt: *Das Pfingstwunder* *Und etwas erschien ihnen: Zungen, die sich wie Feuer zerteilten. Und es setzte sich auf jeden von ihnen.* *Und Sie wurden alle erfüllt vom Heiligen Geist. (Apg 2,3–4)*	180 Blätter max. DIN A5 (ca. 6 pro Person) Wasserfarben
	Die Sch erfahren noch nicht, wozu die Buchstaben dienen. Die Sch sollen und werden sich fragen, was sie hier tun. Dies darf so sein, sollte nicht aufgelöst werden. Es schafft eine Spannung auf die kommende Stunde.	Wachsmalkreide schwarz
	▶ **Ausgeschnittene Karten (M 8) werden an die Sch verteilt. Jede/r Sch erhält eine Karte, auf der die Anzahl der jeweiligen Buchstaben bzw. Leerzeichen steht, die er/sie in der Stunde malen soll.** (Sind es weniger Sch, kann jede/r mehrere Karten erhalten, hat die Klasse mehr Sch als Karten, können mehrere Sch sich die Buchstaben einer Karte teilen.)	**M 8** Zerschnittene Schwamm- stückchen

Malanleitung:
- Bei 30 Sch: Jede/r malt in der Regel 4–6 Zeichen und eine Leerstelle.
- Alle Blätter werden grundiert (mit Schwämmchen, in hellem Gelb).
- Die Leerstellen werden nur grundiert und zur Trennung der Wörter verwendet.
- Man benötigt 30 Leerstellen und 151 Zeichen. Bei 20 Sch malt also jede/r Sch 7–8 Zeichen und 1–2 Leerstellen.
- Alle Buchstaben mit schwarzer Wachsmalkreide das Blatt füllend aufmalen (Achtung: Größe einheitlich vorgeben, Groß- und Kleinschreibung beachten).
- Feuerflammen einmalen (auch bei nasser gelber Farbe möglich!)

Hinweis: Der Zeitrahmen ist sehr eng. Man muss damit rechnen, dass manche nicht fertig werden. Deshalb malen schnellere Sch Leerstellen, auf denen beim Aufhängen fehlende Buchstaben ergänzt werden können.

Alternativen:
- Natürlich ist der Vorgang auch mit wesentlich kleineren Formaten möglich. Dies vereinfacht das Präsentieren des Textes, schmälert aber auch den Eindruck.
- Anstatt die Blätter hellgelb zu grundieren, kann man auch gelbe Blätter nehmen. Das geht schneller, das Ergebnis wirkt weniger chaotisch, aber auch viel weniger lebendig und künstlerisch.
- Es ist auch denkbar, mehrere Buchstaben auf ein Blatt malen zu lassen. Dann kann man in der folgenden Stunde den Text zusammenpuzzlen.

4. Stunde: Das Pfingstwunder

Sozialform/ Methoden	Unterrichtsinhalte, Fragen, Aufgaben	Medien/ Material
Vorarbeit durch L außerhalb der Unterrichtszeit	▶ L befestigt *vor der Stunde* die Feuerschrift an der Wand des Klassenzimmers: Praktisch geht das sehr einfach mit doppelt gerolltem Kreppband (Sch der Klasse als Helfer/innen).	Feuerschrift-buchstaben (vgl. **M 8; farbig abrufbar unter www.calwer.com beim Titel**) Text, Kreppklebeband
Impuls	▶ **L-Impuls: »Wer kann unsere Feuerschrift entziffern?«** ▶ Sch lesen den Text. ▶ Buchstabenkarten der Überschrift (*Das Pfingstwunder*) **ungeordnet** an die Tafel: ▶ **L: »Versucht herauszufinden, zu welcher biblischen Geschichte der Text gehört, indem ihr die Buchstaben in die richtige Reihenfolge bringt.«** ▶ Sch übernehmen die Überschrift ins Heft.	Feuerschrift-buchstaben *Das Pfingst-wunder* TA (Überschrift): *Das Pfingstwunder*

▶ **L-Erzählung: Das Pfingstwunder.** M 10

Erzählstichpunkte:

– Während Jerusalem wegen des Schawuot-Festes voller Pilger ist, haben sich die Jünger in einen engen, dunklen Raum zurückgezogen.
– Ein Jünger, Matthias, fragt sich, weshalb die Jünger nicht hinausgehen, um die frohe Botschaft von der Auferstehung Jesu zu verkünden.
– Die Jünger sind nicht traurig, sie warten.
– Sie hören Wind, der an den geschlossenen Fensterläden rüttelt.
– Die Läden reißen auf und Licht dringt in den Raum.
– Die Jünger werden von Freude erfüllt.
– Ein Leuchten kommt über sie: Zungen, die sich wie Feuer zerteilen, und sie werden alle erfüllt vom Heiligen Geist.
– Sie stürzen nach draußen, zu einer dort versammelten Menschenmenge.
– Sie verstehen die Pilger in allen Sprachen, die diese sprechen.
– Die Jünger erzählen den Menschen in deren verschiedenen Landessprachen begeistert von Jesus.
– Manche meinen, die Jünger seien betrunken.
– Petrus predigt den Menschen die frohe Botschaft von der Auferstehung Jesu.
– Petrus ruft die Menschen zur Umkehr, als Zeichen der Umkehr zur Taufe.
– Tausende lassen sich taufen.
– Matthias versteht, dass mit der Massentaufe etwas Neues beginnt.
– Er findet für das Ereignis den Begriff »Geburtstag«.

UG

▶ Die römischen Ziffern zeigen die mögliche Erarbeitung im UG an. Auf die meisten Punkte kommt man im UG unter Bezug auf die Erzählung. Diese soll gedeutet und auf ihre Bedeutung für das Verständnis von Kirche hin vertieft werden.

I. **»Von welchem Geburtstag spricht Matthias?«**
  – in der Überschrift selbst ergänzen. *(… der Kirche)*
II. **»Beschreibt, was mit den Jüngern passiert und was diese dann tun.«** (Unter Umständen auch bereits Teile von III.)
III. **»Beschreibt, was die einzelnen Erscheinungen und Taten bei den Jüngern und den andern Menschen bewirken?«**
IV. **»Was steht hinter all diesen Ereignissen?«**

Ergänzung der Überschrift aufgreifen und verschiedene Lösungsmöglichkeiten.

TA begleitend zum UG entwickeln (I–V)

EA

V. **»Wie ist Gottes Geist, den die Jünger/innen erfahren?«**
  Sch schreiben die Antwort selbst in den Pfeil.

(als TA anfügen)

TA

Das Pfingstwunder (Apg 2): Geburtstag _____ **(I)**

Windesbrausen	**(II)** *bewegt, reißt mit, wühlt auf* →	**(III)** Bewegung
Feuer	**(II)** *brennt, wärmt, erleuchtet* →	**(III)** Begeisterung (Feuer und Flamme)
Gemeinsame Sprache	**(II)** *verbindet, hilft verstehen* →	**(III)** Gemeinschaft
Predigt	**(II)** *deutet* →	**(III)** die frohe Botschaft (= Evangelium)

(V)   Gottes Geist ist … _____

UG	**Flammenschrift: »Was hat nun unsere Flammenschrift mit der Geschichte zu tun?«** *(Folgende Punkte können angesprochen werden:* – *Flammen des Heiligen Geistes.* – *Worte des Pfingstwunders.* – *Jeder trägt in der Gemeinschaft etwas Unverzichtbares bei.* – *Aus zunächst Unverständlichem und Einzelarbeit wird etwas Gemeinsames, Verstehbares.* – *Lebendigkeit des Bildes entspricht der Lebendigkeit der Pfingstgemeinde.* – *Im übertragenen Sinn: brennende Worte.)* ▶ **Kontrollfrage**: Wenn euch nun jemand auf der Straße fragt, warum die Christen Pfingsten feiern, was könnt Ihr denen antworten?	
Puffer	▶ Lied »Hallelu, hallelu«	**M 11**

5. Stunde: Pfingsten heute à la Hollywood

Sozialform/ Methoden	Unterrichtsinhalte, Fragen, Aufgaben	Medien
LV	▶ L skizziert Schema an die Tafel:	Tafel / Heft

	vorher	**dann:** ①	②	③
Apostel-geschichte 2				

▶ Sch wiederholen die Pfingstgeschichte:

	vorher	**dann:** ①	②	③
Apostel-geschichte 2	Jünger/innen sind zurückgezogen, still ratlos.	Geist kommt über die Gemeinde: – Feuer – Sturm – (Sprachen).	Jünger/innen laufen nach draußen, sprechen mit den Menschen in vielen Sprachen.	Viele lassen sich taufen und schließen sich den Christen an.

Überleitung	▶ **L kündigt an: »Wir sehen jetzt einen Film, in dem ähnliche Dinge geschehen.«** ▶ **Kurzer LV über den Anfang des Films:** Bartänzerin Deloris muss untertauchen, weil sie einen Mord der Mafia gesehen hat; die Polizei will sie als Kronzeugin einsetzen und versteckt sie bis zum Prozess in einem Kloster; dort fällt ihr die Eingewöhnung schwer, weil die Nonnen sehr zurückgezogen leben, ohne Kontakte zur Außenwelt. Die Situation ändert sich für Deloris (im Kloster: »Schwester Mary Clarence«) erst, als sie die Leitung des Chors, der ganz fürchterlich falsch singt, übernehmen muss. Am Anfang sehen wir, wie sie den Chor zum ersten Mal in der Kirche hört. Gleich anschließend schauen wir uns den ersten Auftritt des Chores unter Deloris' Leitung an. ▶ **»Achtet schon während des Anschauens auf die Gemeinsamkeiten.«**	

Filmausschnitte (~ 10 Min.)	▶ Filmszenen: – Szene 10: Erster Auftritt des Chors. – Szene 17: Auftritt des neuen Chors; Streit mit der Priorin; Nonnen mischen sich unters Volk (bis Speisung der Hungrigen).	Filmszenen »Sister Act« DVD: Szene 10 in der Kirche (1:55 Min.); Szene 17 bis Essensausgabe
UG	▶ **Kurze Sammlung der Eindrücke.** ▶ **L trägt »Sister Act« in Spalte 1 ein.**	Tafel / Heft
EA/PA	▶ **»Füllt mit euren Beobachtungen die Tabelle aus.«**	

	vorher	dann: ①	②	③
Apg 2	s.o.			
»Sister Act«	Ruhiges, zurück-gezogenes Kloster-leben; kläglicher Chor	Begeisternder Auftritt des neuen Chors	Nonnen verlassen Klostermauern; gehen zu den Men-schen; sprechen in deren Sprache	Menschen kommen in die Kirche und in den Klosterhof

| UG Problematisierung | ▶ **»Nicht alle im Film waren davon begeistert, was unter den Nonnen geschah. Welche Standpunkte wurden vertreten?«**
 Die Leiterin des Klosters sagt, dass man, wenn man so weiter macht, bald auch Popcorn in der Kirche verteilen kann:
 Deloris: »Ich habe daran gedacht, wie die in Las Vegas die Bude voll kriegen.«
 Priorin: »Und was als Nächstes? – Popcorn, Knickse vor den Kirchgängern? Das ist weder ein Theater noch ein Casino!«

 ▶ **»Findet ihr die Kritik berechtigt?«** | **M 12** AB / Folie |

6. Stunde: Kirchenbau mit Sprachbarrieren

Sozialform/ Methoden	Unterrichtsinhalte, Fragen, Aufgaben	Medien
LV	▶ **Sch basteln in Gruppen schweigend eine Kirche aus Papier** ▶ **L: »Heute machen wir ein Experiment.«** *Vorgehensweise*: 1. Gruppeneinteilung 2. Austeilen des Materials 3. Redeverbot 4. Arbeitsauftrag + Zeitvorgabe 5. Start *Arbeitsauftrag*: Baut aus dem ausgeteilten Material und nur mit den ausgeteilten Hilfsmitteln eine Kirche, **ohne miteinander zu reden.** Wenn einer in der Gruppe redet, bekommt die Gruppe einen Punktabzug. *Prämiert werden*: – Höhe – Stabilität – Schönheit – Originalität – (evtl. Teamarbeit)	pro Gruppe: 1 Plakatpapier als Unterlage 10 Blatt DIN A3 Papier, 1 Flüssig-klebstoff, 3 Scheren

103

GA Zeit: ca. 30 Min.	▶ Max. 5 Sch/Gruppe basteln eine Kirche ohne zu reden und zu schreiben bis kurz vor Stundenende.	vgl. **M 13**
	▶ L deponiert die Objekte an geschützter Stelle bis zur nächsten Relistunde.	
	▶ Prämierung und Auswertung findet erst in der nächsten Stunde statt.	

7. Stunde: Bausteine unserer Wunschkirche

Sozialform/ Methoden	Unterrichtsinhalte, Fragen, Aufgaben	Medien
Einstieg	▶ **Gemeinsame Betrachtung der Kirchen; Ermittlung der Sieger/innen.**	Kirchenmodelle
UG	▶ **»Wie habt ihr es empfunden, miteinander zu arbeiten ohne etwas sagen zu dürfen?«**	

	Antworten von Fünftklässlern:
	Unsere Eindrücke beim Kirchenbau ohne Worte
	
	Nachteile:
	– Es war sehr schwierig, Kompliziertes zu erklären.
	– Es war leicht, sich aus der Gruppenarbeit auszuschließen.
	– In manchen Gruppen machte jede/r irgendetwas und hoffte darauf, dass es nachher zu den anderen passt und von den anderen angenommen wird.
	  → Gemeinsame Absprachen waren nur schwer zu treffen.
	
	Vorteile:
	– Gute Ideen konnten nicht wegdiskutiert werden.
	  → Jede/r konnte sich verwirklichen.
	– Man kam ohne Diskussionen schneller voran.
	– Streit war weniger möglich.
	  → Konzentration auf das Wesentliche.
		Sammeln an der Tafel

	▶ **Ein mögliches Fazit:** – **Wie gut die Kirche wird, hängt davon ab, wie gut wir uns miteinander verständigen** (/ und uns verstehen) – **auch ohne Worte.** – **»Warum funktionierte eure Zusammenarbeit auch ganz ohne Worte?«** – Es gab ein klares gemeinsames Ziel: Kirche bauen.	
Transfer	▶ **»Wie haben es die Menschen in »Sister Act« geschafft, sich gut zu verstehen, obwohl sie anfangs so unterschiedlich waren?«**	
	▶ **»Und ihr? Wie erlebt ihr Kirche? Wie soll eurer Meinung nach eine Kirche sein, in die ihr gerne geht?«**	**M 14** AB
PA	– Sch tragen Bausteine einer guten Kirche zusammen. – Sammeln der Ergebnisse – Sch ergänzen ihre Aufschriebe.	
UG	▶ **»Kennt ihr so eine Kirche?«**	
	▶ (Evtl. anschließende Vorstellung einer lokalen kirchlichen Initiative/Gruppe.)	

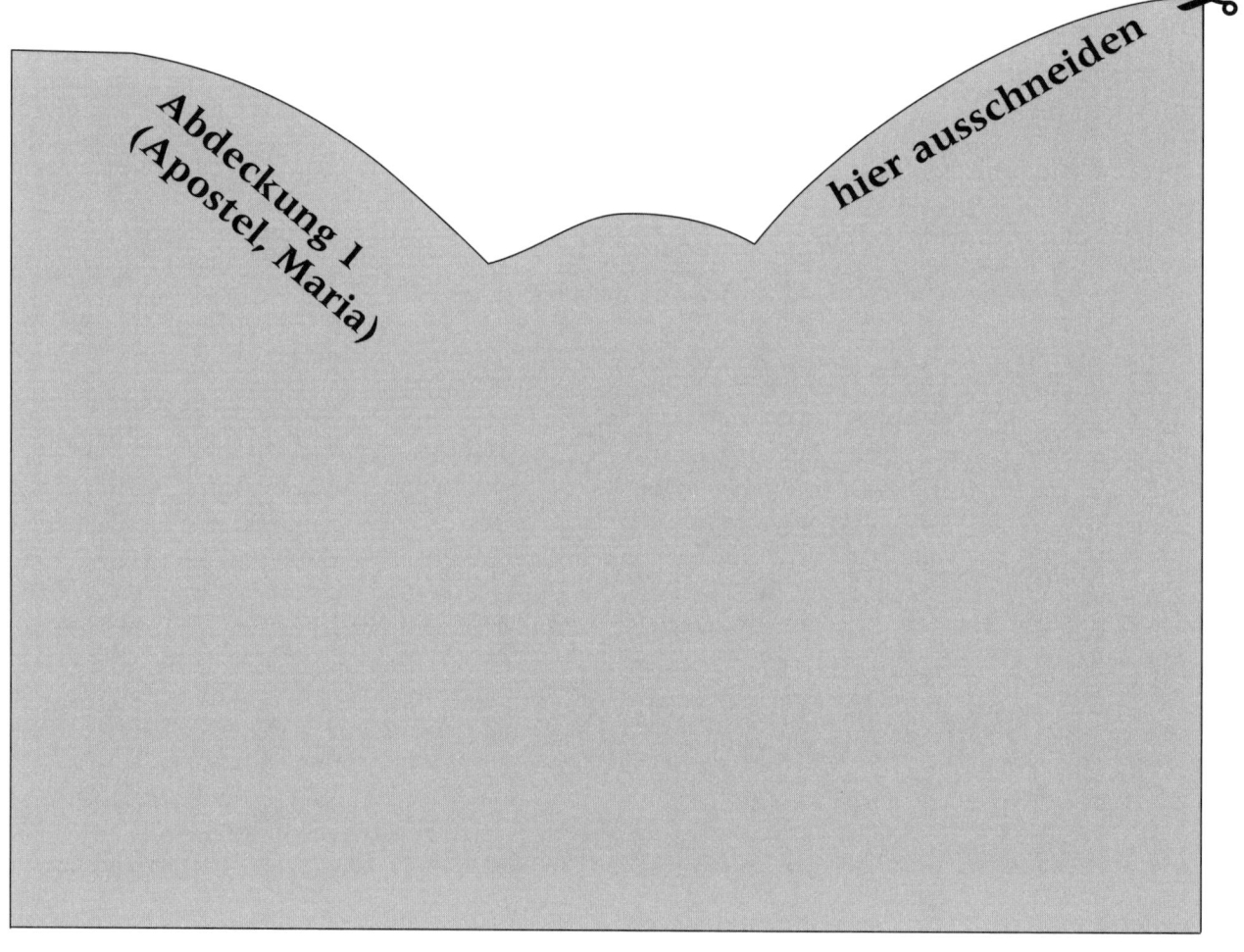

Abdeckung 1
(Apostel, Maria)

hier ausschneiden

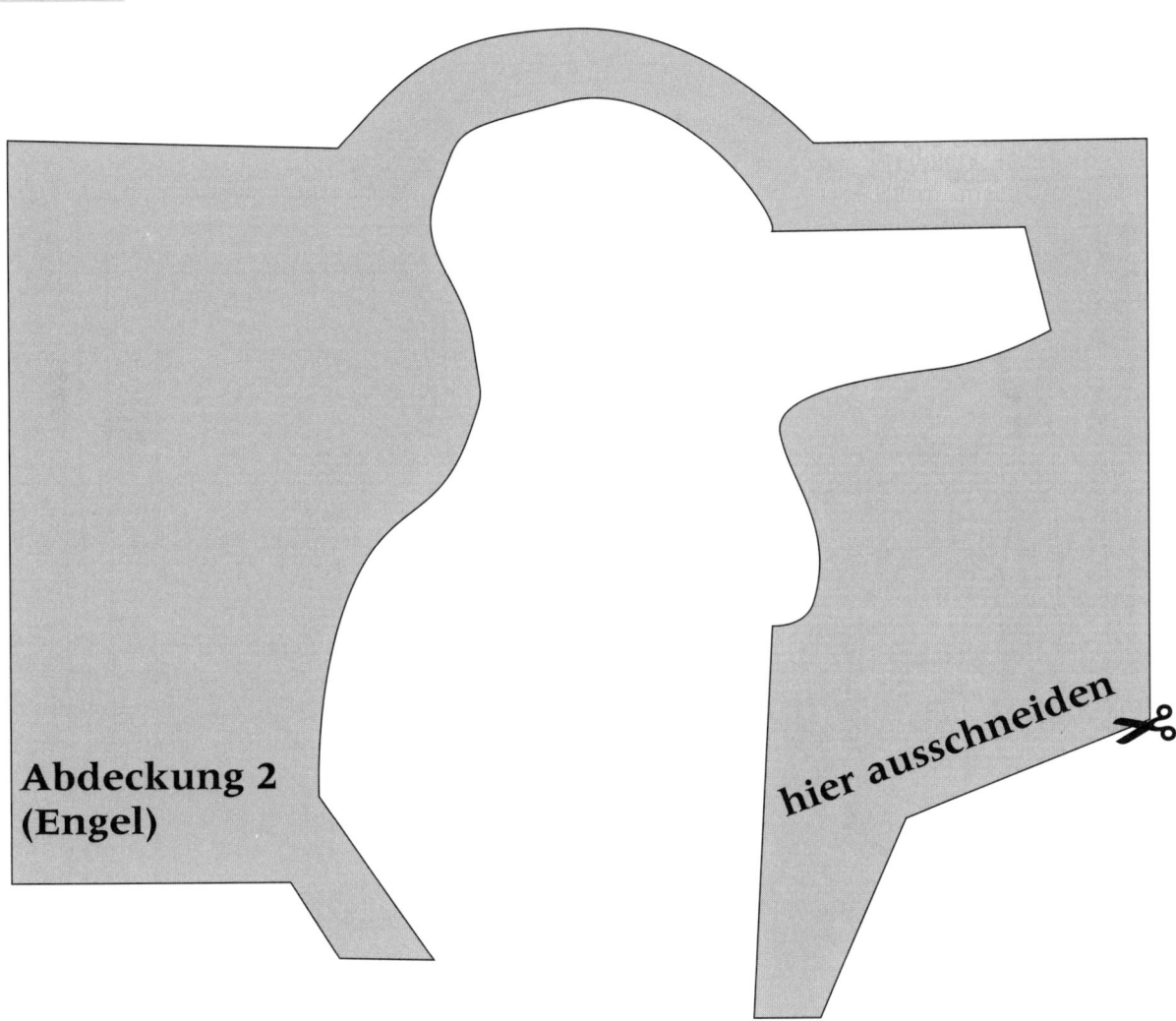

**Abdeckung 2
(Engel)**

hier ausschneiden

Teil 1: Der Boden unter den Füßen

Als die Jünger von Jesu Auferstehung hörten, war ihre erste Reaktion kein jubelndes Lachen, sondern ein ungläubiger Blick. Maria aus Magdala und andere Frauen waren die Ersten, denen es so ging; als sie sich gefasst hatten, erzählten sie den Männern davon. Aber diese sagten zunächst: Das ist doch Geschwätz. Gerade hatten sie versucht, damit fertig zu werden, dass ihr Anführer, in den sie so große Hoffnungen gesetzt hatten, brutal hingerichtet worden war wie ein gemeiner Verbrecher – und nun kamen diese Frauen und sagten, er wäre gar nicht tot! Sie fühlten sich, als würde ihnen zum zweiten Mal innerhalb weniger Tage der Boden unter den Füßen weggezogen.

Vierzig Tage lang blieb Jesus auf der Erde. Er redete viel mit seinen Jüngern, besonders vom Reich Gottes; davon, wie Gott die ganze Welt gerecht und gut werden lassen will und wie die Menschen dabei mitmachen sollen. Die Jünger erkannten: Der Auferstandene gab ihnen eine Aufgabe. Ja, vielleicht war die Aufgabe jetzt sogar größer als vor der Kreuzigung, als Jesus sie noch als normaler Mensch angeführt hatte. Seine Boten sollten sie jetzt sein, sollten verkünden und verbreiten, was Jesus ihnen beigebracht hatte. Und sie sollten anderen Menschen genauso liebevoll begegnen, wie er es ihnen vorgelebt hatte. Der Kreis der Zwölf wurde nun »Apostel« genannt – das heißt auf griechisch »Boten«.

Am letzten Tag war Jesus mit den Seinen auf einem Berg, der Ölberg heißt und am Stadtrand von Jerusalem liegt. Dort sprach er zu den Aposteln: »Verlasst Jerusalem nicht! Es ist die Hauptstadt des jüdischen Volkes, die heilige Stadt des Tempels und auch die Stadt meiner Kreuzigung. Hier sind die wichtigsten Dinge geschehen, und hier werden die wichtigsten Dinge geschehen. Hier sollt ihr warten. Bald schon wird Gott Wunderbares tun: So wie Johannes mich mit Wasser getauft hat, so sollt ihr dann mit dem Heiligen Geist getauft werden.«

Die Apostel fragten ungeduldig: »Herr, wirst du dann König von Israel werden? Und wann wird das sein?«

Jesus aber sagte: »Es gebührt euch nicht, den genauen Zeitpunkt zu wissen, an dem Gott sein Reich vollenden wird. Den weiß und bestimmt nur Gott allein. Aber ich verspreche euch: Ihr werdet die Kraft des Heiligen Geistes empfangen, der auf euch kommen wird, und werdet meine Zeugen sein in Jerusalem und in ganz Israel und bis an das Ende der Erde.« Und er segnete sie alle.

Dann wurde er vor ihren Augen aufgehoben in den Himmel, und eine Wolke verhüllte ihn, sodass sie ihn nicht mehr sehen konnten. Die Apostel und die anderen Jüngerinnen und Jünger, darunter seine Mutter Maria, sahen ihm sprachlos und staunend nach.

Teil 2: Engelsworte und Menschenspuren

Den Blick zum Himmel gerichtet, standen die Apostel und anderen Jüngerinnen und Jünger um den Felsen herum, den Jesu Füße als Letztes vor der Himmelfahrt berührt hatten. Wie erstarrt schien die ganze Gruppe – sie glich dem leeren, verwaisten Felsen in ihrer Mitte. Alle waren sprachlos wie Steine.

Da sahen sie plötzlich zwei Gestalten in weißen, langen Gewändern. Das mussten Engel sein! Sogleich redeten sie die Apostel und Jünger an: »Was steht ihr da und seht zum Himmel? Dieser Jesus, der von euch weg in den Himmel aufgenommen wurde, wird so wiederkommen, wie ihr ihn habt in den Himmel fahren sehen.« Und so schnell, wie sie erschienen waren, verschwanden die Engel wieder. Als hätten sie sich in Luft aufgelöst.

Aber ihre Worte hatten auf die Hörerinnen und Hörer eine ungeheure Wirkung. Auf einmal konnten sie sich wieder rühren. Alle traten im Kreis an den Felsen heran, von dem Jesus aufgefahren war – ja, da waren sie noch, die Spuren seiner Füße. Kein Zweifel, da hatte der auferstandene Jesus vor Kurzem noch gestanden, mit einem Leib, schwer genug, deutliche Spuren in der dünnen Sandschicht zu hinterlassen. Jesu Auferstehung, die hatten sie anfangs doch auch kaum glauben können! Aber sie war geschehen. Warum sollten die Engelsworte, die sie eben vernommen hatten, nicht auch wahr sein? Jesu Geschichte war bisher wunderbar gewesen – warum sollte sie nicht so wunderbar weitergehen, wie es die Engel gerade angekündigt hatten?

Das Staunen der Apostel und Jünger verwandelte sich in Lächeln. Alle zusammen gingen sie nun zurück in die belebten Gassen von Jerusalem und zu dem Haus, in dem sie wohnten und mit Jesus beisammen gewesen waren. Freudig lachen sah man sie auf diesem Weg und aufgekratzt miteinander reden über das, was sie eben erlebt hatten und was sie für die nahe Zukunft erwarteten.

Erzählung: Zwei Lücken im Kreis – die Jüngerinnen und Jünger besinnen sich

Teil 1: Zwei leere Stühle

Nun saßen die Jüngerinnen und Jünger schon einige Tage in ihrem Haus. Während im Erdgeschoss andere Anhänger Jesu weilten, hielt der engere Kreis, besonders die zwölf Apostel, im Obergeschoss die Stellung. Hier hatten sie mit Jesus das letzte Abendmahl gefeiert, darum schien ihnen das der rechte Platz. Sie beteten viel. Das Problem war nur: Die Apostel waren gar nicht zu zwölft. Von den dreizehn Stühlen des Abendmahls waren zwei leer. Der eine war der von Jesus gewesen. Auf dem anderen aber, nahe beim ersten, hatte damals – bald sieben Wochen war das her – Judas gesessen, der Jünger, der zum Verräter an Jesus geworden war, sich dann aber aus Scham erhängt hatte.

Die Fenster im Obergeschoss waren zu, die Läden geschlossen. Früher waren sie, angeführt von Jesus, aus dem Haus hinausgelaufen in die Gassen Jerusalems zu den Leuten, hatten sie angesprochen und eingeladen. Jetzt jedoch war es Zeit, sich zurückzuziehen, sich zu sammeln, bereit zu sein. Und anfangs war die Stimmung der Apostel auch geprägt gewesen von freudig gespannter Erwartung. Jeden Moment – jetzt! oder jetzt! oder ... – hatte Gott ja seinen Heiligen Geist senden können – dieses Gefühl hatte sie geeint. Besonders, wenn sie im Chor ein Gebet gesprochen hatten, waren sie sich vorgekommen, als wären sie *ein* Leib. Doch je länger nichts geschah, umso länger wurden auch die Phasen, in denen alle schwiegen und jeder im Halbdunkel vor sich hin schaute. Nicht nur die zwei Lücken im Kreis gab es dann – auch ihre innere Verbundenheit schien dann Lücken zu bekommen. All das Unklare kam ihnen zu Bewusstsein: Was hieß das eigentlich – sie würden den Heiligen Geist empfangen? Mit ihm getauft werden? Wie würde sich das anfühlen? Woran würden sie es merken?

Um Grübeleien nicht zu viel Raum zu geben, ergriff immer wieder einer das Wort und erzählte ein Erlebnis mit Jesus, mit dem lebenden oder dem auferstandenen. Aber dann senkte sich doch wieder Stille ins Obergeschoss, das nun ein Gedankenraum war, so vieles ging jedem Einzelnen im Kopf herum: Erinnerungen an die Spuren, die Jesus in seinem Leben hinterlassen hatte, und Ideen für die Zukunft. Mitunter ging

alles durcheinander und fühlte sich wirr an. Dann versuchten die Apostel und auch die beiden Marias, die Mutter Jesu und die aus Magdala, – die waren nämlich dabei – ihre Gedanken in Worte zu bringen. Jeder formulierte sein Gebet. Statt nur untätig auf Gottes Eingreifen zu warten, redeten sie mit Gott.

Teil 2: Der zwölfte Apostel

Schließlich wurden die Apostel und Frauen im Obergeschoss unruhig. Irgendetwas stimmte noch nicht. Einer blickte zum anderen, aber immer öfter blieben ihre Blicke auch an den Lücken hängen. Dass der Heilige Geist auf sich warten ließ – konnte das daran liegen, dass sie zu wenige waren? Zwölf Jünger hatte Jesus ausgesucht – also sollten es doch wohl auch genau zwölf Apostel sein. Zwölf war ja nicht irgendeine x-beliebige Zahl. Zweimal zwölf Stunden hatte ein Tag, und Israel bestand aus zwölf Stämmen, die auf die zwölf Söhne von Stammvater Jakob zurückgeführt wurden. Zwölf, das war die Zahl der Vollständigkeit; dass einer fehlte, war ein Fehler, das wurde ihnen nun klar.

Einfach irgendwen in den Kreis aufzunehmen, das ging freilich nicht. Petrus ergriff das Wort: Es muss einer sein, der bei uns gewesen ist die ganze Zeit über, als der Herr Jesus unter uns ein- und ausgegangen ist – von der Taufe des Johannes an bis zu dem Tag, an dem er von uns genommen wurde. Und die Auferstehung muss er auch selbst erlebt haben.

Zwei Männer kamen in Frage: der eine hieß Josef, mit dem Beinamen Barsabbas, der andere Matthias. Welchen sollten sie nehmen? Würdig schienen beide. Sie, die elf, hatte damals Jesus persönlich ausgewählt. Ihn konnten sie jetzt leider nicht um Rat fragen. Oder doch? Sie beschlossen zu beten: Herr, der du aller Herzen kennst, zeige an, welchen du erwählt hast von diesen beiden, damit er diesen Dienst und das Apostelamt empfange, das Judas verlassen hat. Danach losten sie, und das Los fiel auf Matthias. Sogleich nahm er auf Judas' Stuhl Platz. Diese Lücke war geschlossen. An dem Leib, den die Apostel miteinander bildeten, fehlte nun kein Glied mehr. Das ließ sie mehr als zuvor in fröhlicher Erwartung sein.

Du hast die längste Geschichte mit Jesus, kennst ihn von Mutterleib an. Schon damals wusstest du: Er ist ein besonderes Kind. Er wird Großes vollbringen. Du bekamst zwar noch andere Kinder, aber zu Jesus, »deinem Größten«, spürtest du eine besondere Verbindung.

Als er dann öffentlich auftrat, warst du immer wieder mit dabei, hast mitbekommen, wie er Wunder tat, z.B. Wasser in Wein verwandelte. Manchmal hast du auch daran gezweifelt, ob wirklich eine so große göttliche Kraft in ihm sein kann – Jesus hätte ja auch von anderen Mächten besessen sein können, zumal er dich manchmal schroff und abweisend behandelte. Aber immer wieder zog es dich zu ihm zurück, zu deinem so begabten und begeisternden Sohn.

Du bliebst auch in seiner schwersten Stunde bei ihm, als er gekreuzigt wurde. Es wollte dir das Herz brechen. Ein wenig Trost gab dir, dass er noch vom Kreuz herab zum Jünger Johannes und zu dir sagte, ihr solltet nun wie Mutter und Sohn zueinander sein.

Als du dann sahst, dass Jesus vom Tod auferstanden war, wie freudig war da dein Herz! Aber du warst auch wieder ein bisschen verwirrt. Gut gemerkt hast du dir, was er vor seiner Himmelfahrt zu euch sagte. Auch die Himmelfahrt selbst hast du gesehen.

»Welche Spuren hat Jesus in meinem Leben hinterlassen? Wie wird es weitergehen?« Schreibe Marias Gedanken in einem Gebet auf.

Dich forderte Jesus als Ersten auf mit ihm zu gehen. Auch später warst du einer seiner engsten Vertrauten. Du bist der, der zuerst erkannt hat, dass Jesus der Christus ist, das heißt der Messias, Gottes Sohn.

In wenig mehr als einem Jahr erlebtet ihr miteinander viele aufregende Dinge: Jesus heilte Kranke und ging übers Wasser. Das konntest du kaum glauben! Er sollte auch dich übers Wasser gehen lassen, sagtest du. Und es ging auch – doch als dich der Mut verließ, sankst du ein und Jesus musste dich herausziehen.

Dennoch gab er dir einmal eine besondere Aufgabe: Dein Name Petrus bedeutet auf griechisch ›Fels‹. Und das nahm Jesus beim Wort: »Du bist der Fels, auf den ich meine Gemeinde bauen will«, sagte er zu dir, ja, er sprach sogar davon, dir die Schlüssel des Himmelreichs zu geben – eine große Ehre und ein großer Auftrag!

Nach seiner Verhaftung spieltest du dann leider eine unrühmliche Rolle: Du hattest groß getönt, lieber sterben zu wollen, als nicht zu Jesus zu stehen. Aber dann, als er vor allen als Verbrecher dastand und die Leute zu dir sagten: »Du gehörst doch auch zu dem!«, da sagtest du: »Nein, ich kenne ihn nicht.«

Gott sei Dank war das nicht dein letztes Wort. Jesus ist auferstanden und fragte dich, ob du ihn lieb hast. Als du Ja sagtest, trug er dir auf, dich um seine Anhänger zu kümmern und sie zu leiten.

Gut gemerkt hast du dir, was er vor seiner Himmelfahrt noch zu euch sagte. Auch die Himmelfahrt selbst hast du gesehen.

»Welche Spuren hat Jesus in meinem Leben hinterlassen? Wie wird es weitergehen?« Schreibe Petrus' Gedanken in einem Gebet auf.

Du bist immer »der Kleine« gewesen. Erst, ganz leiblich, der kleine Bruder Jesu – eigentlich ein mittlerer Bruder, denn du hast noch jüngere Geschwister. Dann warst du im Kreis der Jünger »der kleine Jakobus«. Denn es gab einen älteren Jakobus, der auch schon länger als du mit Jesus zog.

Es war nicht immer leicht für dich, einen solchen großen Bruder wie Jesus zu haben, der so ein Licht ausstrahlte, dass andere zwangsläufig im Schatten standen. Aber du wolltest auch nicht einfach andere Wege gehen. Denn du bekamst mit, welche Kraft von Jesus ausging, wie er auf wildfremde Menschen zuging, wie er sie heilte. Manchmal kümmerte er sich, wie es dir schien, wenig um das religiöse Gesetz, das ihr doch von euren Vorfahren geerbt hattet – dann wolltest du so etwas sagen wie: »Jesus, wirf doch nicht alles über den Haufen!« Aber dann wieder beeindruckte dich die Sicherheit, die er ausstrahlte, sein Gottvertrauen, sodass du überzeugt warst: Jesus ist wirklich der Messias, Gottes Sohn.

Von der Auferstehung warst du erst überrascht und dann begeistert. Gott hat Jesus nicht einfach scheitern lassen – seine Geschichte geht weiter! Und du, das spürst du, wirst bald nicht mehr nur »der Kleine« sein. Du bist zu einer wichtigen Rolle im Kreis der Jesus-Anhänger bestimmt. Darum hast du dir auch gut gemerkt, was Jesus vor seiner Himmelfahrt zu euch sagte. Auch die Himmelfahrt selbst hast du gesehen.

»Welche Spuren hat Jesus in meinem Leben hinterlassen? Wie wird es weitergehen?« Schreibe Jakobus' Gedanken in einem Gebet auf.

Dass Jesus dich zu seinem Jünger machte, das hättest du nie gedacht. Denn du warst vorher ein Zöllner, einer, der sich an seinen Mitmenschen bereicherte. Deinen Glaubensbrüdern warst du verhasst – »Diener der römischen Besatzungsmacht!«, so beschimpften sie dich oder einfach: »Du Sünder! Du schlechter Mensch!«

Aber dann kam Jesus. Setzte sich mit dir an einen Tisch, aß mit dir zusammen. Nahm dich ernst, nahm dich an. Er sagte einfach zwei Worte: »Folge mir!«, und du erkanntest: Das ist die Chance deines Lebens. Ein neuer Weg tat sich auf. Ohne zu zögern gingst du mit ihm.

Jesus machte dir klar, was umkehren heißt. Du gabst das ergaunerte Geld zurück und deinen restlichen Reichtum den Armen. Du warst selbst erstaunt, wie leicht dir das fiel, nun, da du echte Gemeinschaft erlebtest im Kreis von Jesus und seinen Anhängern, die füreinander sorgten und miteinander teilten. Manchmal nannten sie dich im Scherz noch »Matthäus, der Zöllner«, aber im Herzen warst du kein Zöllner mehr, sondern ein Jünger von Jesus Christus, dem Messias.

Als er gekreuzigt wurde, brach deine neue Welt zusammen. Aber wie froh machte dich seine Auferstehung! Gut gemerkt hast du dir, was er vor seiner Himmelfahrt noch zu euch sagte. Auch die Himmelfahrt selbst hast du gesehen.

»Welche Spuren hat Jesus in meinem Leben hinterlassen? Wie wird es weitergehen?« Schreibe Matthäus' Gedanken in einem Gebet auf.

Krank und nicht Herrin deiner Sinne – so bist du einst zu Jesus gekommen. Böse Träume und Stimmen quälten dich, doch dann hörtest du *seine* Stimme, einfühlsam und doch entschieden, die das böse Flüstern aus deinem Kopf vertrieb. Ganz beschämt warst du vorher gewesen, bist immer mit gesenktem Kopf umhergegangen, mit Haaren, die dir vor die Augen hingen – nun konntest du den Blick heben und Jesus ansehen. Er hat dir gezeigt, wer du eigentlich bist. Er hat dich befreit.

Wenn viele beisammen waren in der Gruppe der Anhänger Jesu, dann führten freilich andere das große Wort. Aber du merktest immer wieder, wie sehr er auch dich, die Stille, Schüchterne, mochte.

Die meisten Jünger waren vor der Kreuzigung weggelaufen – du nicht. Du ertrugst den Anblick und gingst am Ostermorgen zu seinem Grab, um Jesus auch im Tod noch Gutes zu tun, ihn zu salben. Aber statt einer Leiche begegnetest du einem Engel, der dir das Wunderbare verkündete. So wurde niemand anderes als du zur ersten Zeugin von Jesu Auferstehung. Erst war es zu viel für dich und du liefst weg, aber dann besannst du dich und erzähltest es den anderen Jüngern.

Auch bei der Himmelfahrt warst du dabei. Gut gemerkt hast du dir, was Jesus davor noch sagte. Als er dann emporgehoben wurde, standest du zwar etwas am Rand – aber du bist sicher: Er sah dich und segnete dich so gut wie alle anderen!

»Welche Spuren hat Jesus in meinem Leben hinterlassen? Wie wird es weitergehen?« Schreibe Marias Gedanken in einem Gebet auf.

Du bist einer der zwölf Jünger aus dem engeren Kreis um Jesus. Viel Beeindruckendes hast du an seiner Seite erlebt, z.B. wie Jesus einen Toten namens Lazarus auferweckte.

Aber du wolltest Jesus nicht nur als Helden ansehen und seine Taten nicht nur als Sensationen. Du wolltest rauskriegen, was dahinter steckt. Also fragtest du immer wieder nach. Einmal erzählte Jesus beispielsweise, dass er an einen Ort gehen müsse, um ihn für euch vorzubereiten. »Und wo ich hingehe, den Weg wisst ihr«, sagte er. Aber du widersprachst. Ja, du hattest manches Mal das Gefühl, dass in diesem Jesus, den du zu deinem Freund und Herrn gemacht hattest, ein Geheimnis lag, das du noch nicht so recht verstandest.

Deine eindrucksvollste Begegnung hattest du mit Jesus erst kürzlich, als er schon vom Tod auferstanden war. Die anderen Jünger hatten ihn schon gesehen und erzählten dir davon, aber du sagtest: »Wenn ich nicht in seinen Händen die Nägelmale sehe und meine Hand in seine Seitenwunde lege, kann ich's nicht glauben.« Eine Woche später durftest du Jesus dann wirklich mit eigenen Augen sehen – ja, mehr noch: Du durftest den Auferstandenen berühren. Da glaubtest du, dass es wirklich Jesus Christus war, dein Herr.

Gut gemerkt hast du dir, was er vor seiner Himmelfahrt zu euch sagte. Nach der Himmelfahrt war es dir wichtig, die letzten Fußspuren von Jesus zu sehen und mit dem Finger darüber zu streichen: Das war der endgültige Beweis für dich, dass die Auferstehung kein Trick war.

»Welche Spuren hat Jesus in meinem Leben hinterlassen? Wie wird es weitergehen?« Schreibe Thomas' Gedanken in einem Gebet auf.

Die Karten geben an, wie viele Buchstaben bzw. Leerzeichen die Sch jeweils malen sollen. Der/die Sch, der/die die erste Karte erhält, malt also 5 Buchstabenblätter, 3 mal ein kleines a und 2 mal ein kleines c und außerdem ein Blatt, das lediglich gelb grundiert wird als Leerzeichen.

Pro Sch zusätzlich 1 Leerstelle, bei größerer Schülerzahl oder sehr schnellen Sch Leerstellen malen lassen, bei geringerer die Zahl anpassen. Schnellere Sch übernehmen Aufgaben von langsameren.

3a, 2c	2h, 3i	5s	1A, 1c, 1d, 2e
5d	5i	5t	1e, 1F, 1H, 1h, 1i
5e	2i, 3l	2U, 2u	1j, 1m, 2n, 1p
5e	3l, 1n, 1v	2u, 1ü, 1V, 1v,	1r, 1s, 2t, 1U, 1w
5e	5n	2w, 1Z, 2z	1D, 2s, 1P, 1i
5e	5n	2 Kommata, 3 Punkte,	1e, 1i, 2n, 1g
2e, 2f, 1G	1n, 2o, 1r	Klammer auf, Klammer zu, Zahl 2 Zahl 3	1t, 1u, 1w, 1r, 1e
3g, 2h	3r, 1s, 1a	Doppelpunkt Bindestrich Zahl 4	Leerstellen

Das Pfingstwunder: Und etwas erschien ihnen: Zungen, die sich wie Feuer zerteilten. Und es setzte sich auf jeden von ihnen. Und sie wurden alle erfüllt vom Heiligen Geist. (Apg 2,3–4)

1A, 4a, 3c, 1D, 6d, 26e, 1F, 2f, 1G, 4g, 1H, 5h, 13i, 1j, 6l, 1m, 16n, 2o, 1P, 1p, 6r, 10s, 8t, 3U, 5u, 1ü, 1V, 2v, 4w, 1Z, 2z, 1 Doppelpunkt, 2 Kommata, 3 Punkte, 1 Bindestrich, Klammer auf, Klammer zu, 2,3,4, rund 30 Leerstellen, auch mehr.

Matthias sah in die Runde der Jüngerinnen und Jünger. Eng war es geworden in dem Raum. Eng und dunkel. Seit vielen Tagen saßen sie hier. Nur gelegentlich kam einer, ging eine. Die meiste Zeit war es still. Nur von unten auf der Straße hörte man Menschenstimmen. Die Menschen drängten sich draußen auf der Straße, denn sie waren aus aller Welt zu dem jüdischen Wallfahrtsfest Schawuot nach Jerusalem angereist.

Die Jünger waren nicht unter ihnen. Sie hatten sich zurückgezogen in die dunkle Kammer, die in den letzten Wochen ihr Versammlungsort, ja ihr Wohnort geworden war.

Aber warum waren sie nicht draußen bei den Menschen auf der Straße und freuten sich mit?

Auch Matthias war Zeuge aller Ereignisse gewesen. Es waren doch die erfreulichsten Ereignisse, die man sich denken kann. Er war von Anfang an dabei gewesen. Und er war froh, dass er Zeuge solch außerordentlicher Dinge sein durfte. Sein Leben war dadurch ganz neu geworden. Und doch saß er nun hier und wusste nicht, wie es weiter gehen soll. Gestern noch hatte ihn die Gruppe dazu bestimmt, an der Stelle des armen Judas, der sich das Leben genommen hatte, als Apostel die frohe Botschaft von der Auferstehung Jesu allen Menschen zu verkündigen. Eine schöne Aufgabe. Eine verantwortungsvolle Aufgabe. Aber wie konnte er ihr gerecht werden?

Er hob seinen Kopf leicht an und sah den anderen in die Gesichter. Es war schwer, die Stimmung zu beschreiben, in der sie sich befanden. Ihre Gesichter schienen verschlossen, konzentriert, müde. Einfache Leute waren es. Leute, die Jesus von der Straße geholt hatte, um ihm nachzufolgen. Keine besonders Gebildeten, keine Reichen. Und sie sollten nun der Welt von der Auferstehung Jesu Christi erzählen.

Er sah in das Gesicht der Maria aus Magdala. Sie lächelte ihn sanft an. Er schlug verlegen seinen Blick nieder und dachte daran, wie sie den erstaunten Jüngern als Erste begeistert von der Auferstehung erzählt hatte.

Dann sah er hinüber zu Petrus. Der sollte sie eigentlich führen. Stattdessen saß er da wie der Fels, nachdem ihn Jesus benannt hatte, und rührte keine Miene. Seine Augen schienen nach innen zu schauen. Schon seit Stunden saß er unbeweglich.

Jakobus, der kleine Bruder von Jesus, sah hoch an die Wand, als erwarte er eine Flammenschrift, die dort erscheinen solle.

Matthäus, der ehemalige Zöllner: Seit Jesus ihn aufgenommen hatte war er wie verwandelt: Der Diener der Römer und Ausbeuter der Juden war ein ganz Anderer geworden. Nun schlief er, als wolle er nicht darüber nachdenken, was geschehen sollte.

Und schließlich Maria, die Mutter Jesu: sie saß dort, mit verhülltem Haupt. Es war, als wäre sie die gute Seele der Gemeinschaft, aber sie schwieg, blieb zurückgezogen.

Es war eine seltsam zwiespältige Stimmung. Matthias dachte, wenn er mit einem Wort beschreiben sollte, was er sah, dann war dies zweifellos das Wort »Warten«. Wer von außen hier hinein käme würde wahrscheinlich eher meinen, dies sei eine Trauergesellschaft. Doch er würde sich täuschen. Die hier Versammelten waren keineswegs traurig. Nur – jeder war irgendwie mit sich selbst beschäftigt. Es gab so viel zu erklären, zu deuten. Und die Zukunft schien ihnen ungewiss. Wäre es nicht besser hinauszugehen und den Menschen von Jesus zu erzählen? Das hatte er ihnen doch aufgetragen. Und doch: Es war hier nichts zu spüren von Bewegung. Alle schienen fast wie gelähmt.

Matthias war ungeduldig. Fast machte ihn diese Gemeinschaft des Wartens zornig. Er wollte nicht warten, doch allein konnte er doch auch nicht hinaus. Was würden die Leute dort draußen über ihn sagen, wenn er nun anfinge, ihnen von Jesus zu erzählen?! Die Hälfte der Leute würde ihn erst gar nicht verstehen. Zu diesem Wallfahrtsfest kamen sie aus vielen Ländern der Erde nach Jerusalem. Denn es lebten im ganzen Römischen Weltreich Juden. Manche kamen von sehr weit her, aus Griechenland, aus Libyen und Ägypten. Matthias glaubte sogar, jemanden arabisch rufen zu hören. Aber selbst wenn sie seine Sprache sprächen, würden sie dann auch verstehen, was er zu sagen hat?

Matthias setzte sich wieder auf ein Kissen am Boden. Es war nun ganz still im Raum. Fast war es, als wären die Stimmen von außen ausgeblendet. Und mit einem Mal hörte Matthias es. Zunächst ahnte er nur einen leisen Hauch. Ein Geräusch wie Wind, der sanft über eine Wiese strich. Hörten die anderen das auch, oder bildete er sich das nur ein. Nein – auch sie schienen das zu hören und sahen sich an. Auch Petrus löste sich aus seiner Starre und sah in die Runde. Der Hauch wurde lauter, wurde zum Wind, der an den Türen und Fensterläden rüttelte. Aber es war nur das Geräusch eines Windes, denn einen Luftzug spürten sie nicht. Und dennoch: Das Geräusch schwoll an, wurde lauter, wurde zum Sturm und mit einem Mal rissen die Fensterläden und Türen im ganzen Haus auf und Licht flutete den Raum. Die Jünger, Männer und Frauen waren überwältigt aufgesprungen und spürten, dass der Wind den sie hörten sie nicht von außen, sondern von innen erfasste. Sie lagen sich in den Armen, lachten und sangen. Und als sie so von Freude gefüllt waren wie ein Schlauch, den man aufblies, kurz vor dem Zerplatzen, kam ein Leuchten über sie wie Feuerzungen und floss in jeden und jede von ihnen.

Und etwas erschien ihnen: Zungen, die sich wie Feuer zerteilten. Und es setzte sich auf jeden von ihnen. Und Sie wurden alle erfüllt vom Heiligen Geist.

Da hielt sie nichts mehr in dem Haus. Und sie strömten nach draußen, wo sich eine Menschenmenge angesammelt hatte und erstaunt auf das Haus starrte, aus dem das laute Brummen eines Sturmes tönte. Matthias wusste gar nicht mehr, wie er auf die Straße gekommen war. Er torkelte fast vor Freude und Glück. Die Menschen draußen sahen das Leuchten, das von den Jüngern ausging. Und sie fingen an, in vielen Sprachen zu diskutieren, was denn da geschehen sei. Matthias hörte, wie einer in syrischer Sprache vorschlug, Feueralarm zu geben. Moment, dachte Matthias kurz, seit wann verstehe ich syrisch? Doch ohne weiter darüber nachzudenken sprach er einfach zu den Menschen in ihrer Sprache, egal welche es war. Und er hörte auf, sich zu wundern, und er wusste genau, was er zu sagen hatte, und die Worte flossen nur so über. Und er sprach und sprach und niemand fand es seltsam, wenn er in seinem Freudentaumel Menschen einfach in die Arme nahm und an sich drückte. Er sprach aus vollem Herzen und die Menschen hörten ihm gebannt zu und aus ihrem Wundern wurde Freude. Matthias nahm in seinem Freudentaumel noch wahr, dass alle Jüngerinnen und Jünger dasselbe taten wie er! Und die Menschen, zu denen sie sprachen, wurden erfasst von dem, was sie sagten. Und alle schienen sich zu verstehen, als sprächen alle eine Sprache. Am Rande stand ein Mann, der ihm zurief: »Ihr seid doch alle besoffen. Wo gab es denn so viel süßen Wein, dass ihr am helllichten Tag, noch vor dem Mittag betrunken seid?« Doch Matthias störte sich gar nicht an dieser Bemerkung und tanzte und erzählte von

Gott und dessen Sohn Jesus Christus und von dem Geist, der ihn erfasst hatte.

Da winkte Petrus die zwölf Apostel, zu denen Matthias ja nun auch gehörte, zusammen und begann, mit lauter Stimme zu den Menschen zu reden. Denn diese Menschen wollten wissen, was das war, was da passierte. Er erklärte ihnen, das, was sie hier gesehen und gehört hatten sei der Geist Gottes, der nun über die Jünger ausgegossen sei. Er erzählte ihnen davon, wie Jesus für die Menschen am Kreuz gestorben war und wie Gott ihn aus den Krallen des Todes gerissen habe. Und wie Gott ihn zu sich genommen und er von Gott den Heiligen Geist empfangen habe, und wie nun diesen Geist auch wir hier und heute empfangen haben.

Matthias spürte die Kraft, die Begeisterung, die von diesen Worten ausging. Und nicht nur ihm erging es so, denn viele der Umstehenden wirkten so, als seien sie durch die Worte des Petrus mitten ins Herz getroffen. Viele fragten: »Was sollen wir tun?« und Petrus antwortete ihnen: *»Kehrt um, und jeder von euch lasse sich taufen zur Vergebung seiner Sünden.«* Matthias traute seinen Augen nicht, als Tausende Menschen, die sich versammelt hatten, auf ihre Knie fielen. Denn sie alle wollten sich taufen lassen. Und Petrus und alle anderen Jüngerinnen und Jünger tauften die Menschen. Und die Menschen waren glücklich, ihr Leben in die Hände des Gottes zu legen, der ihre Herzen erfasst hatte. Matthias taufte drei Stunden lang. Und die ganze Zeit über hatte er Tränen der Freude in seinen Augen. Diese Überfülle an Freude wurde immer mehr, je mehr er sie mit den Menschen teilte, die er taufte.

Da begriff Matthias: Das war der Beginn von etwas Neuem. Hier war etwas ganz Anderes entstanden als die kleine Gruppe der Jüngerinnen und Jünger, die noch in einem Raum Platz hatten. Hier ging etwas in die Welt, was zuvor noch nicht da gewesen war. Und er spürte: Es würde wachsen und groß werden. Er dachte an das Senfkorn, von dem Jesus erzählt hatte, das vom kleinsten Samenkorn zum großen Baum wuchs. Und er wusste, diesen Tag würden die Menschen niemals vergessen. Er selbst fühlte sich wie neu geboren. Und auch die anderen erfuhren durch die Taufe, wie das alte Leben vorüber war und sie wie neugeborene Kinder Gottes waren. Es war, als hätten sie alle an diesem Tag Geburtstag. Aber es war nicht nur so, dass jeder Einzelne an diesem Tag so etwas wie Geburtstag hatte, dachte Matthias; etwas Großes, Gemeinsames hatte an diesem Tag Geburtstag …

M 11 Hallelu, Hallelu

Text: Psalm 5, 12

Jungen**

Hal - le - lu, hal - le - lu, hal - le - lu, hal - le - lu - ja!

Mädchen** Jungen

Prei - set den Herrn! Hal - le - lu, hal - le - lu, hal - le - lu, hal - le - lu - ja!

Mädchen Jungen

*) Prei - set den Herrn! Prei - set den Herrn, hal - le - lu - ja!

Mädchen Jungen

Prei - set den Herrn, hal - le - lu - ja!

Mädchen Jungen Alle

Prei - set den Herrn, hal - le - lu - ja! Prei - set den Herrn!

*) *albanisch:* Lawdi sodit
chinesisch: Zan mei shang di
englisch: Praise ye the Lord
französisch: Gloire a Dieu
griechisch: Doxa ton Theon
hebräisch: Alleluja
italienisch: Lode al Signor
philippinisch: Puri sa Dios
russisch: Slawtje Tworza
serbisch: Slawite Boga
spanisch: Gloria al Senor

** *abwechselnd aufstehen und setzen*

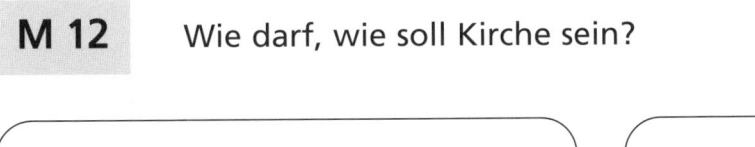

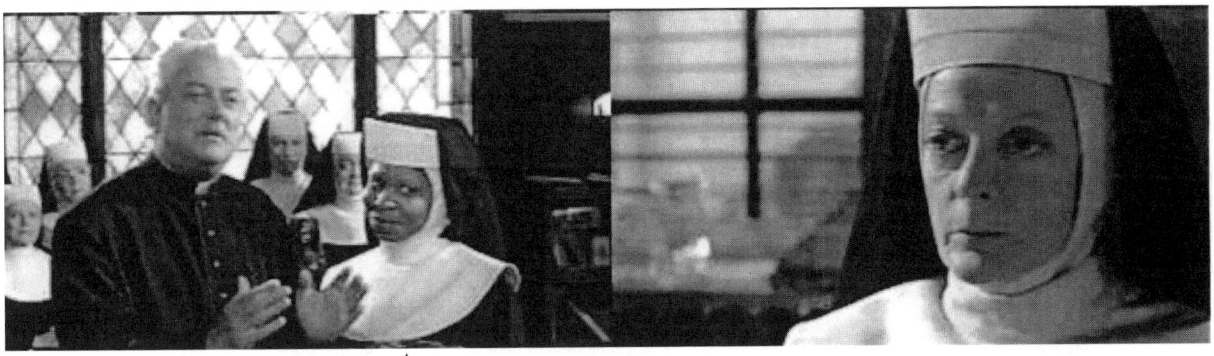

In dem Film »Sister Act« haben die als Nonne verkleidete Barsängerin Deloris, die Leiterin des Klosters und der Pfarrer unterschiedliche Meinungen darüber, wie Kirche sein sollte. Schreibe diese in die Sprechblasen.

 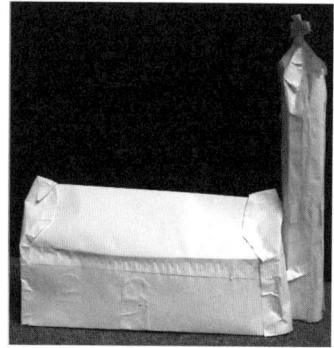 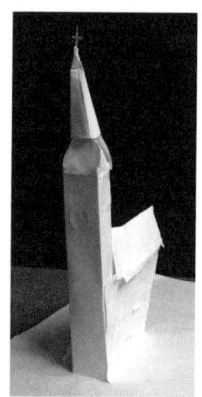

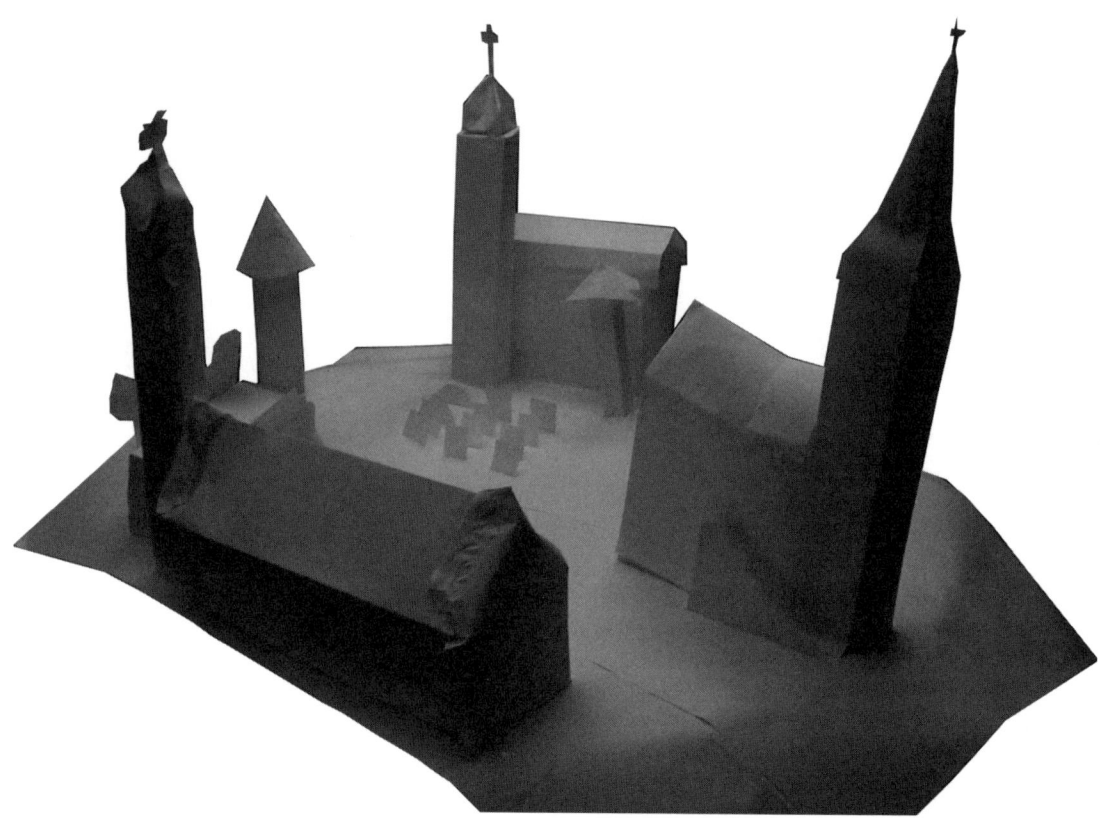

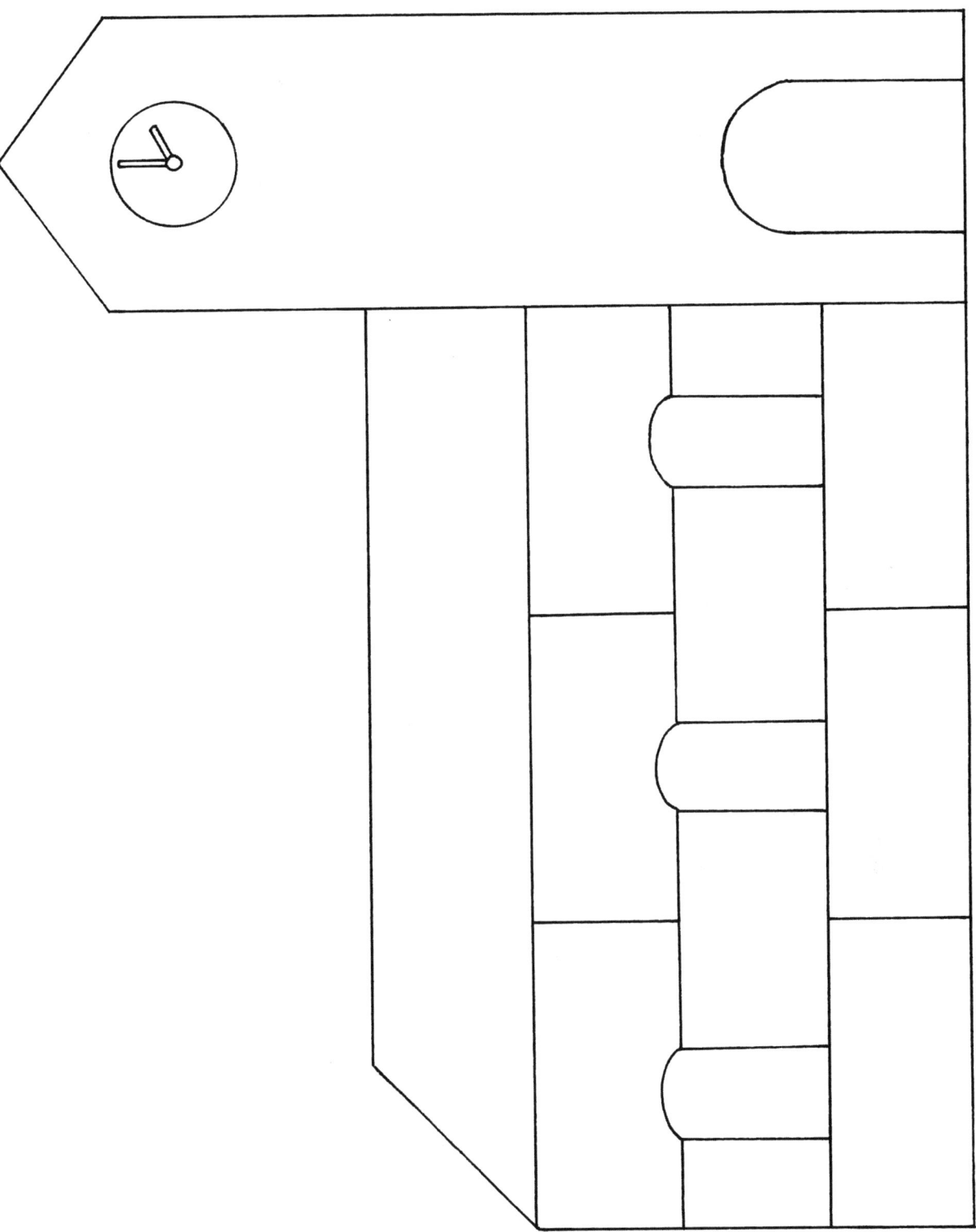

Trage in die Mauersteine ein, was deiner Meinung nach zu einer guten Kirche gehört, in der du dich wohl fühlen könntest. Du kannst auch etwas dazu malen oder zeichnen.